호스피스 완화의료와
임상미술치료

호스피스 완화의료와
임상미술치료

김선현 지음

이담
Books

머리말

　호스피스・완화의료는 말기 암환자와 가족들이 죽음을 앞둔 극한상황에서 마주치는 신체・정신적 문제와 사회・영적 문제를 해소하기 위해 제공되는 전인적인 의료서비스다. 말기 암환자의 신체적 통증에만 초점을 맞추던 전통적 치료에 비해 호스피스는 경제적, 사회적, 심리적 고통까지도 고려해서 돌보며, 삶의 질 뿐 아니라 편안한 죽음을 맞이할 수 있도록 돕는 총체적 돌봄이라고 할 수 있다. 이런 의미에서 호스피스는 의사의 역할뿐만 아니라, 간호사, 영양사, 심리상담가, 목사, 작업치료사, 물리치료사, 사회사업가, 자원봉사자 등과의 연계가 필수적이다. 호스피스 한 분야로서 임상미술치료는 대체의학에 대한 관심의 증가와 함께 암환자의 삶의 질을 위한 효과적인 치료라는 인식의 확산으로 인해 그 중요성이 강조되고 있다.

　임상미술치료는 미술작업을 통하여 환자의 심신상태를 평가하기도 하고 질병의 치료나 증상의 호전을 도모하기 위한 치료법이다. 호스피스 완화의료에서의 미술치료는 신체적으로 미술작업을 통한 근육 및 관절 운동, 통증 조절에 효과가 있을 뿐 아니라 심리사회적으로 미술작업을 통한 내면의 통찰과 통합을 가능하게 하고 카타르시스를 통해 우울 및 불안, 스트레스를 감소시킬 수 있다. 또한 말기 암환자들의 죽음에 대한 수용을 도우며, 영적인 회복을 돕는다. 따라서 미술치료는 환자의 영, 혼, 육의 전인적 치료를 통해 삶의 질을 높이는 완화의학의 중요한 대안적 의미를 지니고 있다.

　호스피스에 미술치료가 유래된 것은 1940년대 영국 Adrian Hill라는 예술가가 결핵에 걸렸다가 치료되는 과정에서 미술작업이 회복에 도움을 줌을 인식하고 환자들과 함께 미술활동을 진행하면서부터 시작되었다고 볼 수 있는데, 본격적으로 도입되기 시작한 것은 1878년도에 미국에서 호스피스를 정의할 때 삶의 질을 높게 한다는 것을 강조하고, 또한 호스피스에 있어서 통증과 증상의 관리가 중요한 역할로 대두됨에 따라 미술, 음악, 체육 등의 다양한 체험을 치료에 도입하게 되면서 시작되었다.

　또한 병원에서는 1987년에 영국의 로얄마슨병원(Royal Marsden Hospital)에서 암환자들에게 처음으로 미술치료를 도입했다. 우리나라의 경우는 외국에 비해 아직 호스피스 완화병동 자체도 매우 적은 편이지만, 대체요법에 대한 관심이 증가되고, 병원에서도 미술치료를 실시하는 케이스가 증가되면서, 호스피스 병동에서의 미술치료 도입도 점차 활성화되는 추세에 있다.

죽음에 직면한 호스피스 환자의 경우 소외감이나 고립감, 죽음에 대한 불안감과 우울 등 정신적인 문제에 직면하게 되며, 통증과 신체적 괴로움 등으로 죽는 순간까지 고통을 겪게 된다. 이러한 호스피스 환자들의 내적인 갈등을 표현하고 해소하는 효과적인 방법 중 하나로 미술표현이 사용된다(Williams, 2006)

미술치료의 효과는 신체적, 심리사회적, 영적으로 다양하게 나타날 수 있다. 먼저 심리사회적(Psychosocial)으로는 미술작업을 통해 환자의 삶의 의미와 내부 현실을 재인식하고 통합하며, 무의식적인 이미지를 전달하는 도구로서 사용될 수 있다. Kubler-Ross(2008)는 호스피스 환자간호를 통하여 삶의 마지막이 인생의 가장 창조적인 단계라는 것을 경험하였으며, 이를 환자의 그림활동에서도 볼 수 있다고 하였다. 또한 그림을 통해 언어로 표현하지 못한 자신의 감정이나 의미를 전달함으로 가족들과의 의사소통의 계기가 될 수 있고, 삶의 회고를 통해 가족 간의 관계 회복을 도울 수 있다.

그리고 감정을 자연스럽고 즉흥적으로 표현할 수 있을 뿐 아니라, 부정적인 감정의 표출을 통한 감정의 정화를 경험할 수 있다. Thomas(1995)는 감정적인 고통이 커질 때 신체적인 고통이 더욱 심해지며 미술치료를 통해 감정과 분노를 해소함으로써 심리적 회복과 건강에 대한 인식이 증가될 수 있다고 하였다. 미술치료를 통한 중재는 환자로 하여금 자신의 치료에 더 참여하도록 느끼게 하며, 병과 관련된 스트레스와 불안 등에 더 적극적으로 대처할 수 있도록 한다.

또한 신체적(Physical)으로, 미술치료는 소근육 운동과 감각자극, 관절운동범위의 향상을 통한 신체기능의 강화와 더불어, 창조적 활동을 통해 통증 에너지를 창조적 에너지로 전환하여 통증이 경감되고, 통증에 대한 인식이 줄어들게 한다.

마지막으로 호스피스 환자와 밀접한 관련을 이루는 죽음에 대한 준비를 가능하게 하고,

편안한 마음으로 죽음을 수용할 수 있게 하며, 미술 작업과 감상을 통한 종교적 접근을 통해 영적(Spiritual)인 부분의 회복을 도울 수 있다.

저자가 개인적으로 호스피스 환자에 대한 임상과 강의는 2005년도부터 시작하였다. 그러나 그 당시에는 호스피스 완화의료에 대한 인식, 호스피스 환자가 미술치료를 왜 하는지에 대한 인식도 거의 없는 상황이었다. 그러나 이제는 전국완화의료 전문기관이 43개나 되었다. 많은 기관에서 미술치료를 실시하고 있다.

그러나 미술치료에 대한 필요성은 부각되었지만 문제는 많은 미술치료사들이 의료기관에서의 경험이 부족하고 프로그램적용에서 전문성이 떨어진다는 우려의 목소리가 있다.

호스피스 환자는 일반 환자와 많이 다르다. 몸과 맘과 영혼까지 총체적으로 관리해주어야 한다. 저자는 다행히 완화의료기관 전문기관의 멘토링 전문가가 되어 의료기관의 미술치료 현장을 볼 수 있게 기회들이 있었다. 그러면서 완화의료기관에서 일하는 임상미술치료사를 위해, 기관의료진들과 호스피스 팀원들(사회복지사, 영적 돌봄자, 물리치료사 등)에게 임상미술치료가 도움을 줄 수 있기를 바라며 이 책을 준비하게 되었다.

이 책을 쓸 때 많은 도움을 주신 보바스 병원의 최순주 선생님, 국립암센터 최열 과장님께 지면을 통해 감사를 드린다.

2011년
저자 김선현

목차 CONTENTS

13 PART 01 호스피스의 개요

15 1. 호스피스의 정의

17 2. 호스피스의 유래

18 3. 호스피스의 목표와 특징

22 참고문헌

23 PART 02 호스피스의 현황과 전망

25 1. 호스피스 사회사업의 개념

30 2. 한국 호스피스의 현황

38 3. 호스피스 팀의 이해

47 4. 호스피스 사회사업의 실천과정

61 5. 호스피스 사회사업의 실천방법

66 참고문헌

67 PART 03 호스피스와 임종

69 1. 죽음에 대한 이해

70 2. 죽음에 대한 태도

71 3. 종교, 철학별 죽음관

77 4. 호스피스의 철학

78 5. 죽음의 단계 이론과 그에 따른 호스피스 활동

83 6. 죽음에 대한 반응과 그에 따른 호스피스 간호

89 7. 호스피스와 관련된 윤리문제

94 참고문헌

95 PART 04 호스피스 환자의 통증과 증상관리

97 1. 호스피스 환자의 통증관리

97 2. 암환자 통증관리의 필요성

98 3. 효과적인 통증조절을 저해하는 요인

98   4. 암 통증의 원인

99   5. 암환자에게 흔히 발생하는 통증증후군

100   6. 통증평가

101   7. 효과적인 통증관리 지침

101   8. 통증관리 방법

101   9. 약물을 이용한 통증관리 지침

102   10. 통증의 기전

103   11. 통증관리의 WHO ladder

106   12. 호스피스 환자의 증상관리

108   참고문헌

109   PART 05 환자의 심리·사회·영적 간호

111   1. 우울증

112   2. 피로

113   3. 사회·심리 간호

114   4. 영적 간호

114   참고문헌

115   PART 06 의사소통 및 대화기법

117   1. 호스피스 대상자의 일반적인 심리상태

118   2. 호스피스 대상자의 심리적 문제

119   3. 호스피스 환자와의 대화를 위한 전제

119   4. 효율적인 의사소통

121   참고문헌

123   PART 07 임종간호

125   1. 임종간호의 중요성

125   2. 임종과 죽음의 개념

126 3. 슬픔 반응의 과정-Jeffrey의 3가지 측면

126 4. 임종환자의 반응-Elizabeth Kubler-Ross

127 5. 호스피스 간호

128 6. 간호문제

129 7. 간호문제 해결

130 8. 사후 간호

131 참고문헌

133 **PART 08 아동 호스피스**

135 1. 아동 호스피스의 개념

136 2. 인지발달 단계에 따른 죽음의 개념

137 3. 아동과 성인 호스피스의 차이점

139 4. 임종아동에 대한 반응

140 5. 호스피스 아동을 위한 효율적 간호

142 참고문헌

143 **PART 09 사별가족 지지**

145 1. 비탄의 과정

148 2. 비탄을 경험할 때 스스로 돕는 법

150 3. 비탄에 잠겨 있는 사람들을 돕는 일

152 4. 사별가족 유형별 지지

155 참고문헌

157 **PART 10 자원봉사자의 역할 및 자세**

159 1. 호스피스와 자원봉사

160 2. 호스피스 자원봉사자의 역할

162 참고문헌

163   PART 11 호스피스 팀원의 스트레스 관리

165   1. 호스피스 봉사자가 받는 스트레스

168   2. 호스피스 봉사자의 스트레스 증상

168   3. 호스피스 봉사자의 스트레스 관리 및 대처 방안

169   참고문헌

171   PART 12 임상미술치료

173   1. 임상미술치료란

176   2. 임상미술치료의 의의

178   3. 임상미술치료의 적용

179   4. 임상미술치료의 방향

181   참고문헌

183   PART 13 호스피스와 미술치료

185   1. 호스피스 미술치료 유래

185   2. 정서안정

187   3. 임상미술치료와 정서안정

188   4. 호스피스 환자를 위한 임상미술치료의 효과

189   참고문헌

191   PART 14 호스피스 미술치료 사례

194   1. 임상미술치료의 호스피스 접근법

196   2. 호스피스 미술치료에 사용되는 영역 및 기법

198   3. 말기 환자와 미술치료하기

200   4. 미술치료의 프로그램

201   5. 미술치료의 프로그램 실제

211   참고문헌

PART 01

호스피스의 개요

호스피스의 개요

1. 호스피스의 정의

근래에 들어 말기환자에 대한 진료, 즉 호스피스는 의료분야에서 하나의 독립된 형태로 인식되고 있다. 호스피스의 특징으로는 기존의 의학 및 의료시스템에서는 임종 그 자체를 부정적으로 취급하고 있는 데 반해 호스피스에서는 임종을 자연스런 삶의 한 과정으로 긍정적으로 수용하여 환자 개인의 존엄성을 고양하고 주어진 삶의 내용을 보다 충실히 하려고 노력함에 있다.

호스피스는 죽음의 문제를 부정하거나 회피하는 것이 아니라 정면으로 긍정하는 것이며 이것은 죽음에 대한 새로운 사회적 가치관과 문화를 창출하게 된다. '고통과의 싸움', '비탄에 잠김', '수동적 안락사' 등등이 죽음에 대한 현재의 개념이며 이러한 태도는 사회적 퇴행과 개인의 소외를 야기시킬 수 있다.

이와 같은 환자의 죽음과 관련된 인간화 문제에 대한 각성 이외에 전반적인 사회, 경제적 구조의 변화 역시 호스피스를 촉진케 하는 또 다른 원인이 되고 있다. 즉, 호스피스의 초기에는 환자를 중심으로 한 철학적, 종교적 가치관과 개념이 주가 되었으나 의료자원의 효율적 배분이 문제가 되고 있는 현재에는 본래의 철학적 개념보다도 호스피스의 경제적 효율성에 더 큰 관심이 모아지고 있으며 이에 따라 현재의 호스피스 방향에 대한 비판도 적지 않게 일고 있다.

호스피스 프로그램에는 수많은 요인들이 복합적으로 관련되어 있기 때문에 일률적으로 이를 정의하기가 힘들며 많은 사람들이 다음과 같이 호스피스를 정의하고 있다.

- 말기환자 및 그 가족에 대한 전인적 간호(Mount, 1983)
- 인위적으로 수명을 연장시키거나 단축시킴이 없이 자연스런 임종의 환경을 제공하는 것(Cohen, 1979)
- 신체적, 영적 그리고 정신적 간호를 통하여 환자로 하여금 자신의 죽음을 인간답게 수용할 수 있도록 하는 것(Franco, 1979)
- 한계수명을 가진 환자에 대해 병원 진료와 가정 간호를 병행하는 것(Adams, 1985)

위와 같은 모든 정의가 호스피스의 철학과 개념을 나타내고 있기는 하나 보다 구체적인 것은 1978년 미국 호스피스 협회(National Hospice organization)에서 채택한 점으로서 다음과 같다.

'임종은 자연스런 삶의 한 과정으로서 모든 사람은 자신의 임종에 참여할 권리가 있다. 호스피스는 말기환자를 위한 것으로 기존 의료체계에 보다 나은 대안이며, 의료지식을 포함한 모든 필요 전문지식을 동원하여 말기환자의 삶의 질을 높이게 하여 환자로 하여금 죽음을 부정하게 하는 것이 아니라 임종 시까지의 삶을 확인시킨다. 호스피스는 독립된 전문기관에서 종합 의료팀(interdisciplinary medical team)이 말기환자 및 그 가족을 위해 지속적인 가정간호와 입원간호를 제공하는 의료프로그램이다. 호스피스는 환자와 그 가족이 임종 전후에 겪는 모든 신체적, 정서적, 사회적, 경제적, 어려움을 해결할 수 있도록 지원한다. 이 같은 지원은 환자의 경제적 여건과는 관계없이 하루 24시간 어느 때라도 제공되어야 하며 환자의 진료 및 교육을 위해 모든 사항에 대한 기록을 유지한다.

이러한 미국 호스피스 협회의 정의는 호스피스의 기본철학과 방법론을 다 같이 제시한 것으로서 특히 방법론에 관한 내용은 1970년대 미국의 호스피스 입법화 과정에 많은 영향을 주었다. 미국의 경우 의료보험과 관련하여 각 주마다 호스피스에 대한 법적 정의가 약간씩 다르나 대체적으로 미국 호스피스 협회의 내용을 따르고 있다.

현재 우리가 사용하는 호스피스는 라틴어의 Hospes(손님) 또는 Hospitum(손님접대, 손님을 맞이하는 장소)으로부터 기원되며 주인과 손님이 서로 상호 돌보는 것을 상징한다는 뜻에서 유래된 용어이다.

2. 호스피스의 유래

호스피스의 역사는 중세기 성지 예루살렘으로 가는 사람들을 위하여 편히 쉬도록 하고 아픈 사람과 죽어 가는 사람을 위해 숙박소의 제공과 필요한 간호를 베풀어 준 것에서 시작되었다. 그러나 중세 이전에도 호스피스의 개념에 해당하는 풍습이 남아 있어 이들을 시대 순으로 간략하게 살펴보면 다음과 같다.

1) 고대

고대의 호스피스는 일반적으로 구휼기관의 성격을 띠고 있었다. 그 대표적인 것으로 B.C.437년 인도의 아쇼카왕이 실론에 세운 호스피스 기관을 들 수 있으며 이것의 기능은 현대의 병원과 비슷하였다. 이 밖에 2000년 전 Fabiola가 로마에 구휼기관을 세웠고 A.D.475년 경에는 Trumanin이 시리아에 비슷한 성격의 기관을 설립하여 병약자들을 돌보았다. 그리스와 로마에서는 여행자들은 언제나 제우스 또는 주피터 신의 보호를 받는다고 생각하였으며 그들에게 의식주를 제공하는 풍습이 있었다.

이와 같은 태도나 풍습에 의해 그리스와 로마에서는 Aesulapia 성전이 치유의 성전으로 되어 있고, 성지 순례자들에게 거주지를 제공함으로써 인도주의적 봉사활동을 한 Xenodochia가 있었다.

2) 중세

중세시대에 이르러 성지 순례자를 위해 호스피스의 어원과 실제적으로 상통하는 기관이 세워졌으며 이 중 특히 유명한 것은 아우구스틴 수도회의 St. Bernad가 A.D.962년 알프스 지방에 세운 St. Bernad Hospice를 들 수 있다.

그 당시의 성지 순례자들은 특별한 존경심을 받았으며 사람들은 이들에 대해 세심한 간호를 제공하고 그들의 축복과 기도를 청하기도 하였는데 이는 임종 직전의 환자에게는 천국의 문이 열려 있다는 중세인의 신앙심 때문이었다.

1096년에 시작된 십자군 운동 시기에는 수도회의 주도 아래 군인과 여행자들에게 휴식처와 음식, 옷 등을 제공하고 부상병을 치료할 수 있도록 하는 기관이 원정로를 따라 세워졌으며 여기에서는 병자에 대한 치료뿐만 아니라 순례자의 보호 그리고 구휼활동을 하였다.

3. 호스피스의 목표와 특징

1) 호스피스의 기본 목표

호스피스 프로그램의 기본목표는 '죽어 가는 사람이 편안함을 느낄 수 있도록 도움을 주는 것'이라 할 수 있다.

1981년 하와이 주의 조사에 의하면 대부분의 사람들이 편안함을 느낄 수 있는 자신의 집에서 임종을 맞이하기를 원하고 있다.

이러한 이유 때문에 호스피스 프로그램에서는 가능한 한 환자가 가정에 머무는 것을 강조하고 있으며 환자에 대해 고급의 집중적인 의료처치를 하는 것이 아니라 의료인의 정성을 다한 완화요법과 상담 서비스가 그 주요 내용이 된다. 따라서 가장 이상적인 형태의 호스피스 프로그램은 최소한의 의료기술과 최대한의 개인적 보살핌이 병행되는 것이다. 그렇다고 하여 호스피스 프로그램이 단순한 환자관리의 수준에 머물거나 의사의 진료를 외면하는 것은 물론 아니다. 호스피스는 어디까지나 의료에 기저를 두고 있으며, 이 분야의 전문적인 지식을 지닌 의사나 간호사의 참여를 필수로 한다. 호스피스는 기존의 의료시술과 대립되는 것이 아니며 전체적인 의료의 한 분야로서 기존의 의료체계와 적극적인 상호 보완의 관계를 유지한다.

호스피스는 근본적으로 완화요법을 목표로 하고 있으며, 환자의 증상 조절과 밀접하게 관련되어 있다. 그러나 환자의 증상은 신체적인 것뿐만 아니라 정서적, 영적 그리고 사회적, 경제적인 제반 문제점을 포함한다. 우선 환자는 암과 같은 만성질환에 따른 심한 동통과 호흡곤란, 구토 등의 지속적인 증상에 의해 고통을 받게 되며 이 같은 신체적 완화는 호스피스의 간호의 일차적인 목표가 된다.

또한 환자의 정신적 고통은 자신의 병에 원인을 둔 불안과 공포, 고독감 등이고 정도의 차이는 있으나 모든 말기환자가 이러한 정신증상을 지니고 있다.

죽음에 대한 공포, 죽음 후의 세계에 대한 불안 등으로 환자의 마음은 심하게 흔들리고 있다. 죽음은 어디에서도 겪지 못했던 단 한 번뿐인 경험으로서 자신의 죽음과 맞이해야만 하는 심신의 극한 상태이다.

이와 같은 고통을 달랠 수 있는 방법 중의 하나는 종적으로는 종교와의 관계, 그리고 횡적으로는 신뢰 있는 인간관계의 확립이며 호스피스는 이러한 방법을 통해 환자들의 고통을 덜어 줄 수 있도록 노력해야 한다.

C. Saunders가 지적한 바와 같이 호스피스의 성공 여부를 가름할 수 있는 지표의 하나는 호스피스의 영적 돌봄의 차원이며 정도의 차이는 있지만 모든 호스피스가 영적 지원의 기능을 지니고 있다. 영적인 문제를 다루는 종교는 그 어원이 의미하듯이 다른 사람과 연결을 갖게 하며 개인을 안정시킨다.

호스피스는 환자로 하여금 소외감을 느끼지 않도록 하여 임종 시까지의 생활을 가능한 한 정상적으로 영위하게끔 도와준다. 이를 위해서는 가정간호가 보다 효과적이며 따라서 호스피스에서는 일차적으로 가정간호에 중점을 두고 있다. 가정간호만으로 불충분한 경우, 또는 가정간호 중 예기치 않게 도움이 필요하거나 전문적인 처치가 필요할 경우에는 어느 때라도 병원에 입원하여 필요한 도움을 받을 수 있도록 한다.

호스피스는 이와 같이 광범위한 내용의 증상을 다루게 되므로 호스피스의 실제 시행에 따른 방법론 역시 매우 다양하고 광범위하며 다음과 같은 특징을 갖고 있다.

2) 대상자

호스피스 대상자는 의사의 진단으로 더 이상 치료가 불가능한 환자와 그의 가족이 포함된다. 임종에 가까운 환자들로서 의식이 또렷하고 의사소통이 가능하며 자신이 호스피스 돌봄의 대상이 된다는 것을 인식해야 하며 환자는 물론 그 가족까지 포함한다. 대상자의 범위는 자신의 죽음을 받아들이는 말기환자, 말기상태에 있거나 치료 불가능한 질병을 가진 환자로서 주치의나 담당의사가 추천한 환자, 동통완화 및 증상관리를 주목적으로 하는 환자, 임종이 6개월 이내로 예견되는 말기환자, 수술, 항암요법, 방사선 요법 등 다양한 치료방법에도 불구하고 더 이상의 의료적 치료효과를 기대하기 어려운 환자, 또한 간경화증, 만성신부전증, 심장 및 호흡기계 장애 환자 등 말기의 각종 환자가 광범위하게 포함된다.

3) 호스피스 모델

호스피스 프로그램을 운영하기 위한 실제적인 운영조직, 즉 호스피스 모델은 전형적인 것이 아니라 의료자원 및 인적 자원 환자의 상태나 요구도 등의 제반 요건에 따라 다르다.

어떠한 형태이든 간에 주어진 조건하에서 환자의 요구를 가장 잘 만족시킬 수 있는 환경을 제공하는 모델이 최적 모델이 된다.

그것은 가정이 될 수도 있고 또는 전문 독립기관 병원의 한 전문 부서 또는 종합병원의 여러 전문분야로 이루어진 종합 의료팀이 될 수도 있다. 이 중 어떠한 것이 가장 효율적인가 하는 문제에는 많은 의견이 있어 단언하기 어려우며, 미국에서 운영되고 있는 대표적인 모델은 완전히 독립된 호스피스 기관, 큰 병원과 제휴된 독립호스피스 기관, 종합 병원 내에 호스피스 병동이 개설되어 있는 경우, 병원 안에 호스피스 팀이 있는 경우, 주간 진료소, 병원에서 주관하는 가정간호, 간호기관에서 주관하는 가정간호의 모델을 갖고 운영하고 있다.

4) 특징

· 모든 말기환자에게 하루 24시간 어느 때라고 필요한 간호제공
· 가정을 진료 단위로 중시
· 입원 진료와 가정간호를 병행
· 전문적 지식과 기술에 근거한 신체적, 정신적, 영적, 사회적 증상의 조절
· 종합의료팀에 의한 운영
· 전문의의 참여
· 간호사의 역할 증대
· 각종 검사의 최소화
· 자원봉사자의 적극적 활용
· 환자의 지불 능력과는 무관한 환자의 필요에 따른 간호
· 환자와 그 가족이 간호 대상
· 환자 사망 후 그 가족에 대한 제반 지원 제공

호스피스의 대상은 의사에 의해 더 이상의 치료가 불가능하다고 진단된 말기환자와 그 가족이 된다.

환자가 말기환자임을 선언 받는 순간부터 환자는 물론 그 가족에게도 고통과 절망이 시작되므로 호스피스 팀은 인내와 이해로 이들의 고통을 덜어 주도록 노력하여야 한다. 특히 호스피스는 환자의 사망 후에 가족들이 절망에서 회복되어 정상적인 생활제도를 회복할 수 있도록 도움을 주며 이러한 것은 기존 의료체계에서는 볼 수 없는 호스피스의 커다란 특징이라 할 수 있다.

호스피스는 여러 측면의 문제점을 동시에 다루어야 하므로 특정 전문 분야만으로는 효과를 기대할 수 없다. 따라서 여러 분야의 전문가로 이루어진 종합 팀의 구성이 호스피스의 필수적인 요소가 된다. 즉 호스피스 팀은 호스피스 행정가, 의사, 간호사, 사회사업가, 종교인 물리치료사, 약사, 영양사, 작업치료사 등과 같은 전문직 종사자와 자원봉사자와 같은 비전문인들로 구성된다.

이상과 같은 호스피스의 특징은 호스피스가 환자와 그 가족을 대상으로 이들의 신체적, 정신적, 사회적, 영적 욕구를 만족시키기 위하여 전문 의료진 외에 종교인이나 자원봉사자들이 팀을 이루어 입원 및 외래 진료 그리고 가정간호와 사별 간호를 수행함을 보여 주고 있다.

5) 호스피스와 일반적(전통적) 의료의 차이

임종환자를 위한 전통적 접근방법은 치료를 적극 지지하고 모든 시스템을 유지하면서 생명을 연장시키려 하지만 호스피스는 삶을 단축시키거나 연장시키지 않고 삶의 한 과정으로서 죽음을 생각하면서 환자와 가족이 가능한 한 남은 삶을 충만히 살 수 있도록 돕고 치료와 통증, 증상의 관리를 중심으로 환자와 가족이 참여하도록 격려한다.

특히 전통적 치료에서는 환자를 위해 아무것도 할 수 없는 상태로 생각하지만 호스피스에서는 모두가 환자를 위해 무언가 더 할 수 있음을 강조하며 통증완화나 증상 관리 등에 대해 성장의 시기로 간주하여 환자와 가족이 가치 있는 삶을 살 수 있도록 돕는다. 또 전통적 치료에서는 정맥주사나 위장관 등을 이용하고 임상검사와 진단이 반복되어 치료와 생명 지지를 위한 시스템을 지속하며 심리적 의존이나 중독에 대한 두려움으로 통증의 제한된 투약을 필요 시에 제공하지만, 호스피스에서는 환자를 개별적으로 돌보며 증상관리를 위한 치료만 제공하고 개개인의 요구에 따라 필요한 경우에는 마약성 진통제를 사용하여 통증을 조절하기도 한다.

게다가 전통적인 치료에서는 사별 이후 가족과의 모든 접촉이 끝나며 환자가 간호의 대상으로만 여겨지지만 호스피스에서는 환자와 가족이 간호의 대상이 되며 사별 이후의 계속적인 프로그램으로 가족을 지지하고 개별적인 간호를 제공한다.

전통적 치료에서는 임종에 직면한 환자라도 중환자실에서 특수 관리를 받으며 가족과의 접촉이 제한되거나 가정에서 적절치 못한 돌봄을 받게 되나 호스피스에서는 환자가 원하는 곳에서 가족과 함께하며 1일 24시간, 주 7회의 호스피스 봉사자의 간호제공이 가능하다. 전통적인 치료에서는 환자를 돌보는 간호사나 직원의 이동이 있지만 호스피스에서는 지속적이고 일관성 있게 한 환자를 돌볼 수 있다.

전통적 치료에서는 임종환자들에게 주의를 잘 기울이지 못해 환자들이 소외될 수 있고 정해진 병원 규정에 따르도록 해 비인격화되는 경우가 있지만 호스피스에서는 자원봉사자들을 활용하여 환자에게 더 많은 간호시간을 할애할 뿐 아니라 자유로운 분위기 속에서 인격적인 의사소통과 지지를 할 수 있다.

참고문헌

가톨릭대학교호스피스교육연구소(2006), 『호스피스 완화간호』, 군자출판사.
김분한(1995), 『호스피스와 실제』, 수문사
김분한(2007), 『일반인을 위한 호스피스 교육』, 퍼시픽출판사.
최순영 · 김춘미 · 박순옥 · 문진하 · 백훈정(2002), 『호스피스』, 현문사.
한국호스피스협회(2010), 『호스피스 총론』.

PART 02

호스피스의 현황과 전망

호스피스의 현황과 전망

1. 호스피스 사회사업의 개념

호스피스 장에서 의료사회복지사에 의해 실천되는 전문적인 사회사업을 호스피스 사회사업이라 하는데 이는 호스피스에 있어 매우 중요한 전문분야이다. 사회사업의 교육과 훈련에 있어 "환경 속에 있는 인간"이라는 개념은 말기환자와 그 가족에게 호스피스를 제공하는 데 있어 매우 중요하다. 또한 자기결정권과 같은 공통의 사회사업 주제, 그리고 개인의 존엄성과 가치, 권한, 의뢰인의 권리, 개인과 가족, 지역사회체계에서의 상호 독립성 등은 호스피스의 철학과 서비스 전달을 받쳐 주는 핵심적인 개념과 가치이다. 즉 말기환자에게 가족중심의 서비스를 제공하고 신성한 의미를 지니며 가족에게 사별에 대한 준비를 제공하는 호스피스의 방향은 전문적 사회사업의 가치와 실천에 부합되는 것이다.

이와 같이 호스피스의 가치와 개념에 있어 핵심적인 위치에 있는 호스피스 사회사업에 대하여 살펴보면 다음과 같다.

1) 호스피스 사회사업의 목적

호스피스 사회사업은 다른 사회사업분야와 같은 사회사업의 목적을 바탕으로 하며 이와 일치되어야 하지만 호스피스·완화 의료영역에서 요구하는 다음과 같은 특수한 목적이 있다.

말기질환은 가족의 역할변화와 가정의 항상성을 위협하여 환자와 가족 전원은 신체적으로나 심리적으로 허약한 상태가 지속되는데 특히 환자의 임종 후 가족들은 사랑하는 사람에 대한 상실과 이에 따른 두려움, 죄책감, 슬픔 등의 감정을 갖게 된다. 이와 같이 대부분의 말기질환의 경우 환자 개인과 가족의 생물·심리·사회적 균형이 파괴되어, 신체적 고통은 물론 불안이나 우울 등과 같은 심리적 고통을 동반하며 일상생활과업을 수행하고 사회적 관계를 유지하는 사회적 기능에 손상을 가져온다.

호스피스 사회사업은 질병에 대한 심리사회적 모델에 기초하여 임종을 앞둔 말기환자와 그의 가족들이 경험하는 심리사회적 고통을 경감시키며 사회적 기능 회복을 목적으로 도움을 제공하는 전문적 의료사회사업 활동이다.

또한 호스피스 사회사업은 말기환자가 여생을 보다 충만하게 영위할 수 있도록 하고 임종 후 사별가족의 건강을 위하여 예상되는 환자와 가족의 사회적 스트레스 감소와 사회적 기능 향상을 목적으로 노력하는데 이는 의학적으로는 예방의학적인 의미가 있다고도 볼 수 있다.

이러한 호스피스 사회사업의 목적을 미국사회복지사협회(NASW)에서 정의한 병원사회사업의 목적을 토대로 재정리하면 다음과 같다.

① 임종에 직면한 환자와 가족의 심신충격과 관련된 위기에 관한 사항이 그들의 삶에 있어서 미치는 심리사회적인 영향을 이해하고 다룰 수 있도록 지원하고 또한 그들이 미래계획을 수립할 수 있도록 돕는다.

② 임종에 직면한 환자에게 예상되는 슬픔(비탄)과 애도과정을 원조하고 상담을 제공하며 다른 사별과 관련된 서비스를 가족구성원에게 제공한다. 여기에는 실천적인 조정도 포함된다.

③ 말기질환이나 임종에 대한 조정과 적응할 수 있는 대처양식을 개발시키고 또한 새로운 환경에 재통합되거나 적응할 수 있도록 원조한다.

④ 지역사회 후원과 실질적인 자원을 확인하고 정렬함으로써 퇴원 후 또는 다른 대안적 보호기관에의 연계가 용이하도록 한다.

⑤ 상호 학문적 팀에 참여하여 의료상황에 영향을 받는 환자와 가족들의 특별한 심리 사회적인 측면에 대해 이해와 인식을 제공한다.

⑥ 선택된 환자집단의 요구를 사정하고 적절한 프로그램을 기획하고 실행하며 지역사회조직과 연계하며 이러한 요구를 만족시킬 수 있는 서비스를 개발한다. 여기에서는 지지,

심리, 교육적인 집단, 교육적인 포럼, 사회화나 재통합과 관련된 활동 등이 포함된다.

⑦ 잠재적인 방임, 학대, 그리고 취약 환자에 있어서 착취 가능성을 파악하여 공인된 기관과 연계를 맺는다.

⑧ 호스피스 기관의 목적과 목표를 지원하고 환자 요구에 대한 기관의 민감성을 증진시킨다.

2) 호스피스 사회사업의 구성요소

호스피스 사회사업은 주체, 대상(객체), 방법으로 구성되어 있으며 이러한 구성요소들은 서로 밀접한 관계를 맺고 있다. 예컨대 주체와 대상 간에는 원조관계이기 때문에 자연히 원조의 방법도 그것에 따라 결정되는 것이다. 그런데 대상은 사회복지의 관점과 접근방법에 따라 달라질 수 있다.

(1) 주체

호스피스 사회사업의 주체는 의료사회복지사 개인, 그리고 그를 고용하고 있는 다양한 호스피스 기관, 시설 또는 지역사회, 국가 등 여러 가지가 있다.

예컨대 주체가 국가인 경우에는 국민을 대상으로 활동을 하는 것을 말하며, 사회복지사나 호스피스 기관, 시설이 주체가 될 경우에는 말기환자와 그의 가족, 즉 개인을 강조하며, 지역사회가 주체일 경우에는 사회(개인과 집단)를 중요시하여 활동하는 것이다. 호스피스 사회사업 활동은 이와 같이 각 주체에 따라서 각각 이루어질 수도 있으나 오늘날의 호스피스 사회사업은 모든 주체가 함께 이루어지는 경향이 많다.

즉 호스피스 사회사업은 말기질환에 대한 다각적인 접근방법을 바탕으로 질병을 가진 개인과 환경과의 상호작용관계에 초점을 두고 환자와 가족의 사회기능 향상을 위해 다양한 활동을 수행하는 것이다.

(2) 객체(대상)

호스피스 사회사업의 대상은 사회복지 관점과 접근방법에 따라 달라질 수 있는데 정책적 관점에서의 대상은 거시적인 면에서의 호스피스 제도와 정책 전반이며 전문적 관점의 대상은 미시적인 입장에서의 말기환자와 가족의 심리·사회·경제적 문제 그리고 통합적 접근 방법에서의 호스피스 사회사업은 중도적인 견지에서 바라본 말기질환을 가진 개인과 환경(환자, 가족은 물론 호스피스 요원, 제도와 정책 등)을 대상으로 하고 있다.

이와 같이 통합적 관점에서의 호스피스 사회사업은 정책적 관점에서의 대상과 전문적(기술적) 관점의 대상을 모두 포괄하는 광범위한 범위를 그 대상으로 한다.

따라서 호스피스 사회사업의 대상은 정책적 대상과 전문적 대상을 그 주요 개념으로 하여 이해할 수 있으며 다음과 같다.

① 정책적 대상

호스피스 사회사업의 정책적 대상은 호스피스 제도와 정책 전반으로서 그 중요한 핵은 의료보장이라 할 수 있다. 의료보장은 질병이나 상병으로 인한 의학적·경제적인 어려움으로부터 국민을 보호하기 위한 정책적·제도적 장치를 말하는 것으로서 우리나라의 의료보장제도는 사회보험부문과 공공부조의 부문으로 구성되어 있다.

사회적 환경의 상호관계와 여러 제도적 요소들이 종합적으로 고려되어야 하는 구조적, 기능적 복합체인 의료는 사회경제적 특성으로 말미암아 사회화 문제가 제기되는데 우리나라에서는 1977년 의료보호제도와 의료보험제도 등 의료보장제도가 사회보장제도의 일환으로 도입, 실시되면서 의료제도도 사회화 내지 공공재화의 궤도에 진입하게 되었다. 그런데 사회화된 의료는 기술과 경제적인 문제로 인하여 불공평하고 비효율적으로 운영이 되어 의료행위의 비능률화 및 질적 저하를 가져오는 경우도 있다. 따라서 호스피스 사회사업은 의료보장의 확대뿐만 아니라 질적 향상에도 관심을 갖고 이를 위한 사회 및 의료환경 개선에 관한 정책도 요구된다.

② 전문적(기술적) 대상

호스피스 사회사업의 전문적(기술적) 접근방법은 말기환자와 그 가족들이 겪고 있는 심리적, 사회적, 경제적 문제를 대상으로 이의 해결이나 완화를 위해 도움을 제공하는 전문적인 활동이라 할 수 있다.

질병은 의학적으로만 고쳐질 수 있는 것이 아니라 사회적, 심리적 차원에서 접근되어야 효과적인 치료가 될 수 있다는 것은 이미 알려진 사실이다. 현대에 있어서 의학의 발달과 첨단과학기술의 진보에 의하여 의료는 더욱 전문화, 세분화되어 첨단검사기계에 의존하고 단일 장기별, 환부별로 국한하여 환자를 진료하는 경향으로 바뀌었으며 이러한 현상은 의사와 환자와의 인간적 사랑이나 상호 신뢰관계를 방해하고 있다. 이는 인간의 신체적인 고통 외에 사회적, 정서적 인간관계적인 면까지 볼 수 없는 상황으로서 전인적 치료와 문제 해결이 제약받는 비인간화 현상을 초래하게 된다.

그러므로 올바른 호스피스를 위해서는 신체적인 고통의 완화뿐만이 아니라 환자의 심리, 사회, 경제적인 문제들을 해결하도록 도와주고 환자의 임종 후에도 가정의 정상적인 사회기능이 가능하도록 도움을 제공하는 것이 필요하며 이에 의료사회사업 개입의 필요성이 대두되는 것이다.

(3) 방법

이미 앞에서 밝혔듯이 호스피스 사회사업을 구성하는 요소들은 서로 밀접한 관계를 맺고 있으며 주체와 대상은 원조관계이기 때문에 자연히 원조의 방법도 그것에 따라 결정이 된다.

예컨대 주체가 국가이며 그 대상이 국민에 대한 호스피스 제도와 보건의료체제 전반인 경우에는 사회복지조사, 사회복지정책 등의 거시적인 정책적 방법을 주로 사용한다. 그리고 주체가 의료사회복지사 개인이나 호스피스 기관, 시설인 경우에는 환자와 가족의 심리, 사회, 경제적 문제를 대상으로 미시적인 사회사업의 전문직(기술직) 방법을 사용하며 질병을 가진 개인과 환경(환자, 가족은 물론 의료, 보건계 종사자, 정책 등)이 그 대상일 경우에는 사회사업의 전문직(기술직) 방법과 정책적인 방법의 통합(중도)적이며 다각적인 접근 방법이 사용된다.

3) 호스피스 사회사업의 정의

호스피스 사회사업은 앞에서 살펴본 바와 같이 사회복지 관점과 접근방법에 따라 다양하게 정의될 수 있다. 먼저 정책적 접근방법에 따른 호스피스 사회사업은 의료의 변천, 의료의 사회화, 건강의 사회적 기능성이 중요시되어 국가가 호스피스를 책임지도록 돕는 형태라고 말할 수 있을 것이다. 즉 말기환자와 가족의 고통을 경감시키기 위하여 호스피스·완화의료 영역에서 사회복지조사, 의료복지정책 및 행정 등의 광범위한 방법을 통하여 호스피스·완화의료에 대한 요구측정과 의료서비스나 전달체계를 평가하여 그 개선과 활용을 용이하게 하고 의료급여나 국민건강보험의 확대와 질적 향상을 기여하는 데 참여하는 사회사업의 한 과정을 정책적 관점에서의 호스피스 사회사업이라고 할 수 있다.

전문직(기술직) 관점에서의 호스피스 사회사업은 상호 학문적 호스피스 팀의 일원으로서 심리요법이나 사회요법(환경조정)에 의하여 개인의 인성을 치료하려고 하는 것이며 그 원조의 내용은 심리사회적 서비스를 특징으로 한다.

즉, 전문적(기술적) 관점에서의 호스피스 사회사업이란 사회사업의 전문적이고 기술적인 방법을 활용하여 말기환자 및 가족의 심리적, 사회적 및 경제적 문제를 해결해 주거나 조정함으로써 임종을 앞둔 환자가 인간으로서의 존엄성과 질 높은 삶을 유지하면서 남은 생애를 정리하고 마지막 순간을 평안하게 맞이하도록 돕는 전문적인 활동이라 할 수 있다.

한편, 통합적 관점에서의 호스피스 사회사업은 정책적 관점과 기술적(전문적) 관점을 모두 포괄하는 중간적이며 광범위한 의미를 가지고 있는데 현대사회와 의료문제를 고려할 때 이러한 통합적 관점에서의 호스피스 사회사업이 현대적 개념으로 보다 적합한 개념이라고 할 수 있으며 이를 정리하면 다음과 같다. 호스피스 사회사업이란 말기환자 개인과 그의 가족 그리고 호스피스 요원은 물론 의료제도와 정책 등을 대상으로 사회사업의 다각적이고 광범위한 실천방법을 통하며 임종을 앞둔 말기환자가 남은 생애를 인간으로서의 존엄성과 질 높은 삶을 유지하면서 인생을 정리하고 마지막 순간을 평안하게 맞이하도록 도와주기 위하여 호스피스의 장에서 이루어지고 있는 의료사회사업의 전문적인 실천분야라고 정의할 수 있다.

2. 한국 호스피스의 현황

1) 역사적 배경

우리나라에서도 국민소득의 증가와 보건의료 수준의 향상으로 인하여 평균 수명이 현저하게 연장되면서 암을 비롯한 각종 만성 퇴행성 질환이 증가하여 말기환자의 진료와 간호가 커다란 사회문제로 부각되고 있다.

즉 현대의학의 무분별한 고가 의료장비의 활용, 인구의 고령화로 인한 노인 의료비 증가, 병원시설의 전문화 및 대형화에 따른 병원 임종자의 증가, 그리고 핵가족화 현상으로 인한 가족 내 간호 인력의 부족 등이 복합적으로 작용하여 말기환자 진료가 커다란 사회적 부담으로 남게 되었다.

이와 같은 상황들에 의해 호스피스는 그동안 직접 또는 간접적인 영향을 받으며 발전하여 왔으며 지금은 말기환자를 위한 새로운 진료방법의 하나로 자리 잡아 나가고 있다.

최근 우리나라에서도 40개가 넘는 병원에서 호스피스가 실시되고 있다. 호스피스라는 단어의 기본개념은 우리나라 고유의 전통 속에서 얼마든지 찾아볼 수 있다. 즉 이미 고려 시대 빈민의 구휼을 위한 흑창과 의창, 빈민자와 여행자의 구호를 위한 제위보, 무의무탁자의 치료와 부양을 담당한 동서대비원 그리고 빈민의 시약을 맡은 혜민국의 설치가 그것을 보여주고 있다. 또한 우리나라의 전통적인 가족제도, 그리고 사회적 가치관은 죽어 가는 사람을 가능한 한 가족에 둘러싸여 편안히 임종할 수 있도록 하는 것을 중요한 인륜으로 꼽고 있으며, 이러한 관습 역시 호스피스의 개념과 상통하고 있다.

우리나라의 호스피스는 1963년 마리아의 작은 자매회 수녀들에 의해 강릉에 갈바리 의원이 가난한 지역사회 주민들을 위해 세워졌고, 그 수녀회의 정신대로 임종환자를 돌본 것이 우리나라 호스피스의 시작이 되었다.

1978년 호주 의사인 Dr. Graham Lum이 10년간 갈바리 의원에서 봉사하면서 호스피스 철학을 심어 주었고 1981년 1월에 갈바리 의원 2층에 7병상으로 호스피스 병동을 세웠으며, 강릉지역 주민들이 임종은 집에서 하기를 원하여 1990년 Hospice Home Care Program으로 바꾸고 현재도 하고 있다.

1979년 연세대학 간호학 연구소에서 "임종환자 간호를 위한 전국 워크숍(National Workshop on Care of the Terminally ILL)"을 갖고, 간호교육에 임종환자 교육을 삽입하였다. 우리나라 간호사로서 처음으로 미국에 가서 호스피스 간호사로서 근무를 하고 관심을 가진 김수지 박사(하와이 프란치스 병원)와 미국인 간호 선교사인 왕매륜 교수, 그 외 연세대학교 간호대학의 교수진들의 공동연구 발표의 이 학술 발표가 호스피스의 개념, 철학, 간호실무 등 우리나라에서는 처음으로 호스피스를 소개한 기회가 되었으며, 임종간호와 호스피스 간호의 첫 탄생이 되었다.

대한 간호협회는 간호사의 보수교육에 "임종간호"를 Package Program으로 정하였고, 이어서 가톨릭 병원협회, 의사의 교육 등 각계분야에서 인간의 삶과 죽음, 질적인 삶에 관해 관심을 갖기 시작하였다.

1981년 8월에 내과의사인 이경식 박사가 미국에서 종양학을 공부하고 귀국하여 원목실의 협조로 시작되었고, 10월에는 강남성모병원에 간호사 처치실, 휴게실, 면담실, 자원봉사자실, 기도실, 임종방, 호스피스와 사무실 등을 구비한 '호스피스 병동'(1인실 2병실, 4인실 2병동실 등 총 10병상) 우리나라에서 처음으로 개설되었다. 1992년 2월 현재 병상가동률 95%, 평균재원일수 25.8일이고 호스피스 2병동에 입원하기 전 평균 대기일 수는 3.7일이다. 호스피스과에는 과장수녀 1명, 간호사 7명, 간호조무사 2명, 서기 1명이 자원봉사자들과 팀이 되어 병동 호스피스뿐만 아니라 필요한 경우 서울을 비롯한 안성, 문경까지 가정간호 호스피스 서비스를 실시하고 있다(강남성모병원 보고서 1992년).

이화여자대학교 간호대학에서는 1986년 8월부터 교수, 연구원, 수간호사들이 Hospice care program을 운영하는 하와이 St. Francis 병원에서 연수를 받아 전달교육을 실시하고 있다.

연세의료원에서는 1987년 호스피스 위원회를 구성하여 1988년 3월부터 말기환자와 그 가족들을 위한 호스피스 가정간호 프로그램을 시작하였다. 그리고 1990년 2월부터 춘천의 성 콜롬반 의원에서도 가정 호스피스 활동을 시작하여 춘천군, 홍천군, 화천군, 가평군 등에서 호스피스 활동을 하고 있다. 이외에도 제주시 성이시돌의원, 전주 예수병원 등에서도 2명의 간호사를 통한 가정간호 호스피스가 실시되고 있다. 음성군 꽃동네에서는 1976년부터, 마리아 성가 복지병원에서는 1990년부터 무의탁, 부랑인, 정신병자, 장애자, 알코올 중독자를 수용하는 시설과 함께 임종의 집을 마련하여 말기환자를 돌보고 있다. 1990년 2월 가톨릭 사회복지회에서 가정 호스피스 프로그램이 시작되었고 성가 복지병원에서도 1991년 호스피스과가 신설되었고 1992년 8월에는 호스피스 병동이 개설되었다.

기타 부여의 성 요셉 병원, 대구 파티마 병원, 부산의 메리놀 병원, 성분도 병원, 고신 병원, 의정부 성모병원, 인천성모병원, 수원 성 빈센트 병원 등에서 호스피스 활동이 실시되고 있다. 이 외에도 한국자원봉사자 능력개발원에서 호스피스 자원 봉사자 교육 Program을 운영하여 임종환자를 돌보는 의료활동에 많은 분들이 참여하고 있다.

이러한 활동들이 거의 기독교, 가톨릭교계를 중심으로 실천되고 있으나. 불교계에 있어서도 호스피스 교육을 불교 자원 봉사 연합회, 동국대경주 병원, 아미타호스피스회, 원호스피스회를 중심으로 각처에서 실시되고 있으며 대한불교 조계종 간병인 교육(1991년~) 등 불교, 의료, 복지에 관한 다양한 교육과 봉사를 통해 실천하고 있다.

불교계 호스피스 프로그램을 운영, 실시하고 있는 기관은 청주 지장정사(조계종)의 아미타호스피스가 최근(2000년 10월 15일)에 개관하였으며 12병상의 규모로서 가정 간호사, 의사, 간호사의 전문 인력과 자원봉사자가 참여하고 있다. 원불교의 원호스피스는 의사, 간호사, 가정간호사 물리치료사, 약사의 전문 인력과 20병상의 규모에 임종실을 갖추고 있다 (1998년 개원).

그동안 독립적으로 호스피스 활동을 하던 단체들은 1992년 3월 28일 한국 호스피스 협회가 공식적으로 결성되었으며 한국 호스피스 완화의료학회(1998. 6. 1.)가 창립되었으며 호스피스에 관심이 있는 모든 사람들에게 호스피스에 관련된 정보 및 자료를 제공하여 우리나라의 호스피스 활성화에 기여할 것으로 기대되고 있다.

2) 호스피스의 형태

우리나라에서 호스피스 활동을 하고 있는 기관 또는 팀은 약 60여 개가 넘고 있으며 전국적으로 확산되어 있다.

이 중 3차 진료기관이 14개, 3차 진료기관을 제외한 병원급 이상 의료기관이 20개이며, 의원이 3개, 20개는 가정 방문형태의 호스피스 사업을 전개하는 가정 호스피스 팀으로서 서울을 비롯한 대도시에 위치하고 있다.

호스피스 활동 형태는 일반적으로 세 가지로 분류된다. 기관 내에 호스피스 전용 병동을 별도로 설치하여 호스피스 케어를 제공하는 경우와 기관 내에 별도의 호스피스 병동이 존재하지 않고 환자별로 호스피스 환자를 지정하여 병상이 산재해 있는 경우, 환자의 가정을 방문하여 케어를 제공하는 가정방문형이 있다. 이 세 가지 형태는 기관에 따라 한 가지만 제공되기도 하고 두 가지 방식을 동시에 제공하는 경우도 있다. 두 가지 활동을 겸하는 경우를 고려하면 병상을 갖춘 기관이 가정방문 호스피스 케어도 제공하고 있다.

(1) 병동형 호스피스

병원 부속형 호스피스라고도 하며 병원 내의 일부 병동에서 호스피스 활동을 하는 것으로 의사 및 간호사가 이미 병동에서 호스피스로 준비된 요원이므로 호스피스 목적하에 환자 및 그 가족을 돌보는 체제이다. 기존의료시스템을 사용할 수 있으며 기존 의료 인력을 훈련시켜 이용할 수 있고 호스피스 요원이 소진이 된 경우 쉽게 인력을 대치할 수 있다는 장정이 있는 반면 인력이 타 병동보다 많이 필요하며 병실과 함께 보호자, 자원봉사 호스피스 요원들을 위해서도 충분한 공간이 필요하다. 이 모델로는 가톨릭대학교 강남성모병원, 성가 복지병원, 부천성가병원, 수원 성빈센트병원, 대구 동산의료원, 파티마병원, 포항성모병원, 전북 완주 성 바이오로 복지병원, 제주 성이시돌의원 등이 있으며, 특히 자원봉사자들의 활동 비중이 크다.

(2) 가정 호스피스

오늘날 많은 환자들이 가정에서 가족들과 함께 마지막 날을 보내기를 소망하지만 대부분의 환자들은 병원과 같은 기관에서 임종을 맞이하게 된다. 가정 호스피스란 이런 점을 보완하여 병원에 일정 기간을 두고 내원 치료를 하면서 가정에서 가정간호를 필요로 하는 환자와 이미 치료를 포기했으나 경제적인 형편으로 인하여 가정에서 생활하는 경우이다.

이 모델로는 병원의 병상 순환을 도우며 의료비를 절약할 수 있어 많이 권장하고 지원되어야 할 모델이다. 이 모델로는 전진상의원, 이화여대호스피스, 모현호스피스, 무지개호스피스, 은혜호스피스, 춘천 성골롬반병원, 광주의 성요한의원 등이 있으며, 일부에서는 호스피스과를 두고 병원 내 호스피스, 산재형 호스피스와 함께 가정 호스피스도 겸해서 하고 있다.

(3) 산재형 호스피스

병원 내에 각 과에 흩어져 있는 호스피스 대상자를 일컫는다. 이러한 형태의 호스피스는 환자들이 주로 내과 병동이나 암 병동에 입원하게 되나 병상이 남아 있을 경우 빈 병상을 활용할 수 있는 측면에서 편리한 점도 있다. 그러나 다른 환자들과 함께 지내야 되므로 환자가 회복되어 퇴원하는 것을 보는 것이 호스피스 환자에게 심리적 불안을 더욱 야기할 수도 있다.

가톨릭대학교 성모병원, 의정부 성모병원, 고려대병원, 서울대병원, 연세대 세브란스병원, 인천성모병원, 전주예수병원 등 많은 병원에서는 호스피스과를 별도로 두고 호스피스 팀을 구성하여 이 모델을 적용하고 있으며, 서울 위생병원, 대구 가톨릭병원, 충북대학병원, 부산 메리놀병원 등에서는 원목실을 중심으로 활동하고 있다.

3) 호스피스 프로그램 운영 현황

(1) 호스피스 활동 인력 현황

호스피스 활동 원칙 중의 하나가 팀 접근에 의한 활동이다. 호스피스가 환자의 신체적, 정신적, 영적 케어를 제공함과 동시에 환자의 가족에 대한 지지, 상담을 제공하므로 대부분의 협력을 바탕으로 하는 팀 접근을 필요로 한다.

한국보건산업진흥원에서 현행조사를 실시한 보고 내용에 의하면 우리나라 호스피스 기관들의 활동 인력은 기본적인 구성원인 의사, 간호사, 사회복지사, 성직자, 자원봉사, 간호조무사, 약사, 영양사, 의료 기사 등의 활동인력으로 구성되어 있다. 의사가 있는 기관이 21개소였으며, 그중 9개소에 상근제 의사가 근무하고 있으며, 12개소는 시간제로 의사가 근무하고 있다고 한다. 간호사는 30개소 기관에 있다고 하며 상근제로 간호사가 근무하는 곳이 23개소, 시간제로 일하는 곳이 16개소이며, 사회복지사가 있는 호스피스 기관은 18개소이고 상근제로 근무하는 10개소, 상근제 또는 시간제로 성직자가 근무하고 있는 기관은 31개소였다, 자원봉사자를 갖춘 곳은 32개소였다. 그 밖에 간호조무사가 있는 기관은 11개소, 간호보조원이 있는 기관은 4개소, 약사가 있는 기관은 10개소, 의료기사가 있는 기관은 4개소, 영양사가 있는 기관은 12개소였다. 대부분의 호스피스 기관이 기본 인력을 갖추지 않은 채 활동하고 있으며, 기관별로 각 인력이 한 달 동안 활동하는 시간을 보면 간호사의 활동 시간이 많다고 한다. 그다음으로는 자원봉사자, 성직자, 의사, 사회복지사의 순이었다.

자원봉사자는 활동 시간에서 간호사 다음을 차지할 만큼 호스피스에서 제외되어서는 안되는 중요한 인력이다. 그만큼 자원봉사자가 호스피스에서 활동하기 위해서는 적합한 자격과 훈련이 요구된다.

(2) 환자 현황

환자규모는 기관에 따라 차이가 크다고 한다. 기관 당 월평균 케어 환자 수는 입원의 경우 최소 2명에서 최대 45명까지 돌보고 있으며 가정방문의 경우 최소 0.5명에서 최대 40명까지 분포하였다.

가정방문 호스피스 환자 1인당 주 평균 방문횟수는 기관별 차이가 컸다. 평균 방문횟수가 가장 적은 기관은 0.5회, 가장 많은 기관은 평균 7회, 전체평균은 2.3회였다.

1개월 동안 입원과 가정방문을 종합하여 종결된 환자 수도 기관에 따른 편차가 심하다고 한다. 가장 적은 곳은 2명이었고 가장 많은 곳은 65명이었다. 평균적으로는 기관 당 13.6명이 한 달 동안 사망 등의 이유로 호스피스 케어를 종결한 것으로 나타났다. 종결환자의 질환은 암이 가장 많아 93% 이상을 차지하였다. 그다음으로는 순환기계 질환, 사고, 후천성 면역결핍증 등의 순이었다. 서비스 종결 시의 상태는 사망과 귀가가 비슷하였고, 절반 이상의 환자가 임종을 맞이하기 전에 호스피스를 중단한 경우를 볼 수 있다고 한다. 그러나 종결 상태가 귀가 또는 타 기관으로 후송된 경우는 대부분 3차 진료기관의 환자들이었다. 이들은 임종을 가정에서 맞이하기 위하여 퇴원하였거나 다른 의료서비스를 받기 위해 타 기관으로 옮긴 것으로 보인다. 그 밖에 호스피스 활동만을 주로 하는 의료기관이나 가정방문 호스피스 케어를 받은 환자들은 대부분 임종을 맞이하면서 호스피스 케어를 종결하였다. 호스피스는 치료를 목적으로 하는 다른 의학적 진료와 달리 말기환자가 인간답게 죽음을 맞이할 수 있도록 총체적 돌봄을 제공하는 것이므로 반드시 치료가능성이 없는 말기환자만을 대상으로 하고 호스피스 기관에 케어를 받고자 할 때 환자의 의식이 분명하고 의사소통이 가능해야 한다. 또한 이러한 치료방침의 전환에 대한 환자 및 가족의 동의가 필요하다. 이와 같은 원칙을 절반 이상의 기관이 적용하지 않는 실정이라고 한다. 이러한 경향은 3차 진료기관을 비롯한 의료기관뿐만 아니라 호스피스를 주 활동으로 하는 기관의 경우에도 마찬가지였다.

환자의 동의서 및 환자기록은 미국 각주에서 호스피스 기관에 대해 법적으로 요구하는 사항으로 호스피스의 환자 관리 수준을 보여 주는 한 지표라 할 수 있다. 위에서 언급한바와 같이 환자 동의서를 받는 기관은 절반이므로 호스피스 기관들의 환자 관리가 보다 체계화되어야 할 필요가 있다.

(3) 재정 현황

호스피스 기관에서 현행 행위별 수가 체계를 준용하여 환자로부터 진료비를 받는 곳과 무료로 서비스를 제공하고 있는 것으로 나타났다. 「병원에 호스피스 병동 및 팀을 운영하는 형태에서는 현행, 행위별 수가 체계를 적용하여 환자로부터 진료비를 받고 있고 의원급 의료기관 및 독립시설 형으로 운영하는 형태는 대부분이 무료로 제공되고 있다. 관에서만 현행 행위별 수가 체계를 적용하여 환자로부터 진료비를 받고 있는 것으로 볼 때, 환자에게 제공한 서비스의 진료비 수준은, 호스피스 병동을 운영하지 않고 병상 산재형으로 운영하고 있는 의료기관에서는 실제 호스피스 환자 진료비를 산정할 수 없었다.」 호스피스 환자의 일평균 진료비는 80,900원이며, 병원 내에 호스피스 병동이나 팀을 운영하는 유형에서는 103,700원, 의원 및 독립시설형은 37,400원의 진료비 수준이라고 한다.

호스피스 기관들의 운영에 필요한 재원조달 방법은 각종 기부금에 의한 방법, 기관예산 및 환자진료비에 의한 방법, 각종 기부금과 종교단체 지원에 의한 방법으로 운영되고 있다. 우리나라의 호스피스 활동은 주로 종교적 이념에 의해 봉사적 차원에서 이루어져 옴으로써 기관의 운영과 관련되는 재정적 문제는 다른 의료서비스에 비해 상대적으로 덜 쟁점화되었다.

(4) 시설 현황

호스피스 시설로서 호스피스 병동은 현재 1개 병동의 규모로 운영되고 있으며 10~25개 병상까지 범위가 넓다고 한다. 병원 내 호스피스 병동의 경우 기존 일반병동을 호스피스 병동으로 사용하는 경우가 대부분이므로 병실규모는 1인당 6제곱미터 이하라고 한다. 하지만 호스피스 환자는 일반적으로 간호요구도가 높고 거동이 불편하여 휠체어를 사용해야 하고 또 일상 활동을 위한 개인 사물함 등의 설치가 요청되므로 현재의 병실면적으로는 협소한 편이다.

상담실, 종교실, 자원봉사자실은 모든 기관에 설치되어 있다. 그 외에 특수 목욕설비, 장애인 화장실, 임종실, 옥외정원을 전혀 갖추고 있지 못하고 있다.

호스피스가 말기 환자를 대상으로 하고 주로 말기 암환자를 대상으로 한다고 할 때 1년간 암 사망자 수 5만여 명을 감안하면 현재의 호스피스 기관으로는 필요에 미치지 못한다고 할 수 있다. 병원 내 호스피스 병동은 대부분 기존 일반 병동을 활용하고 있어 호스피스 케어의 목적을 충분히 달성하기 어려운 실정으로 우리나라에서는 적정 호스피스를 제공할 수 있는 전용시설이 미흡한 수준이다.

(5) 케어 현황

3차 진료기관을 비롯한 병원급 의료기관에서는 대부분 호스피스 병동을 별도로 설치하지 않고 병상 산재형으로 운영하고 있다고 한다. 이것은 의료기관의 공간 활용에서 비롯된 불가피한 문제일 수 있으나, 호스피스 환자는 기존의료의 지향점과 다른 각도에서 케어해야 함을 의료기관이 덜 지각한 데서 비롯되었다고 볼 수 있다. 호스피스 환자의 병상이 다른 일반 환자의 병상과 같은 공간에 위치해 있을 경우 다른 환자와 동일한 치료 방식이 적용될 수 있다. 진료기관의 호스피스가 상대적으로 주사제 투여와 종합영양수액 요법, 방사선 치료의 비율이 높다고 한다. 의학적으로 증상 조절, 고통 감소 등만을 목표로 하는 호스피스의 철학과 달리 치료적 서비스가 제공되고 여기에 추가적으로 영적 케어, 심리적 케어 등이 제공되고 있는 실태이다. 이와 같은 방식으로 호스피스 케어가 제공된다면 호스피스의 주요 효과인 의료자원의 효율적 활용은 기대할 수 없을뿐더러 환자의 경제적 부담도 감소시킬 수 없다.

3. 호스피스 팀의 이해

분화된 의료서비스로는 신체적, 사회적, 심리적, 경제적, 영적 전체로서의 말기환자와 가족의 실제 요구를 충족시켜 주지 못한다. 따라서 환자와 가족의 삶의 질을 유지하고 증진시키는 것은 단순히 의료인들만의 노력으로 이루어지는 것은 결코 아니며 그 활동에 직·간접적으로 관계가 있는 다른 분야에 지식이 있는 사람들의 협조가 요청된다는 것이다.

1) 팀 접근의 효과성에 미치는 요인

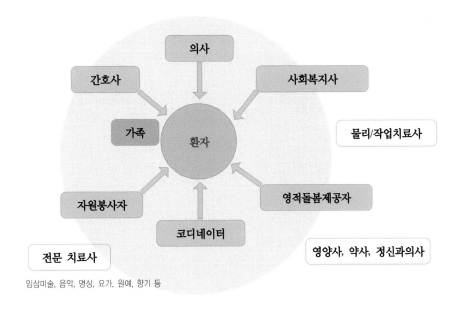

임상미술, 음악, 명상, 요가, 원예, 향기 등

(1) 팀 접근의 효과성

팀 접근의 효과성은 다음과 같이 7가지로 설명할 수 있다.

① 팀 구성원들이 자신의 기술과 전문성을 상호 교환함으로써 개개인이 각자 수립한 것
보다 더 포괄적인 치료계획을 수립할 수 있다.

② 다양한 전문직이 참여하므로 치료계획이 충실하게 수행될 수 있다.

③ 전문 영역 간 상호작용을 통하여 환자의 다양한 문제에 대해 신속하고 적절하게 반응
할 수 있으며 처음의 치료계획이나 결정사항을 변화시키는 데에 보다 융통성 있게 대
처할 수 있다.

④ 각 전문 영역이 고유의 능력에 가장 적합한 사례에 대하여 서비스를 제공할 수 있도록
적절한 업무분담이 이루어지도록 해 준다.

⑤ 장기입원이나 장기치료가 요구되는 환자에 대해 전문영역 간의 상호작용을 통해 적절
한 퇴원 시기 조정이 가능하다.

⑥ 여러 전문분야들이 동시에 한 환자의 문제에 통합적으로 관여하게 됨은 결국 환자 중

심의 서비스로 전환하게 되는데 이때 특수한 각 전문분야의 용어보다는 여러 분야가 동시에 이해할 수 있는 용어로 표현됨으로써 환자 입장에서도 이해하기 쉬운 치료계획수립과 실천이 이루어지게 되어 보다 정확한 정보 제공을 통한 환자의 참여도와 만족도를 높일 수 있다.

⑦ 팀원들은 전문지식과 기술을 상호 교환하는 과정에서 다른 성원의 지식을 습득하고 자신의 치료에 대한 환류를 받으므로 전문적 성장을 계속할 수 있는 기회가 된다.

(2) 지원 요인

이러한 팀 접근의 효과성에 미치는 지원요인과 저해요인을 살펴보면 다음과 같다.

① 구성원들 간의 목표의 공유

Larson과 Lafasto(1989)의 각종 분야의 75개 팀에 대한 면접 결과를 분석한 연구에서 효과적으로 잘 기능하는 팀들은 팀의 목표에 대한 이해가 매우 분명하다는 공통적인 특징을 갖고 있는 것으로 밝혀졌다. 이들 구성원들은 소속팀이 이룩해야 하는 목표에 대하여 분명한 이해를 갖고 있었으며 동시에 팀이 추구하는 목표가 가치가 있고 중요한 결과를 가져올 것임을 확신하고 있었다.

그러므로 각 전문적은 함께 일하는 다른 전문직의 목표를 이해하는 것이 필요하다. 인접 분야의 목표와 자기 분야의 목표를 연관해서 이해하고 이러한 기반에서 전체 팀의 목표에 대한 보다 분명한 이해에 도달할 수 있다.

② 상호 간의 역할과 기대의 명확성

역할 수행에서 자기 전문 분야가 가지는 기대와 다른 전문 분야가 예상하는 기대의 차이가 적을수록 팀 활동은 원활해진다. 동일한 목적을 위하여 함께 일하는 전문직들은 자기 역할과 다른 전문분야의 역할을 연관하여 이해하여야 비로소 역할 기대와 역할 행위 간의 갈등이 발생되지 않을 수 있다. 따라서 각 분야들은 인접 분야의 역할에 대한 이해를 통해 조직 내에서 하나의 하위구조로 인정될 수 있는 자기 역할을 수립할 수 있는 것이며 이러한 역할 관계가 효과적인 팀의 수행에 매우 중요한 영향을 미치게 된다.

③ 의사소통에 적합한 팀의 분위기

언어 또는 문서에 의한 의사소통 그리고 공식적 비공식적 의사소통은 팀 전체의 분위기를 결정하는 중요한 요인이 된다. 의사소통의 장애는 개인의 성격, 조직 전체의 분위기, 의사소통의 절차 등에 의해서도 발생되지만 상당한 부분은 타 영역에 대한 이해 부족에서 발생하는 경향이 있다.

전문직이 보유한 내용은 각기 독특한 개성과 방법론을 가지고 있기 때문에 사용하는 용어부터 다르다. 따라서 각 팀들 간의 의사소통을 활성화시키기 위해서는 기본적으로 동일 장소에서 협력해서 일하는 인접 전문 분야에 대한 기본적인 이해가 필요하다.

④ 적절한 지도력

효과적인 팀 활동을 위해서는 모든 구성원들에 의해 지도력이 공유되어야 하며 동시에 지도자는 모든 구성원들이 능동적인 참여자가 될 수 있도록 지원하여야 한다. 지도력에 관련된 쌍방적인 의사소통이 가능하기 위해서는 지도자는 여러 전문 분야에 대한 균형 있는 이해를 가지고 있어야 한다.

2) 호스피스 팀 구성원과 역할

(1) 호스피스 행정가

호스피스 행정가는 호스피스 요원을 포함한 여러 팀 구성원의 활동을 감독하고 조정하며 호스피스도 직접 제공하고 호스피스 팀 회의와 각종 프로그램을 주관한다. 호스피스 행정가로는 슬픔에 경험이 있으며 호스피스 교육과 훈련을 받은 자로서 의사, 간호사, 의료사회복지사, 사목자 가운데 적절한 임상경험과 행정의 경력자가 적당하다.

(2) 호스피스 · 완화의료 의사

의사는 특정한 권한의 범위 안에서 의업을 경영하도록 허가받은 사람으로서 의료환경 내에서 의학적인 진단과 질병 혹은 손상을 지닌 사람에게 필요한 치료를 결정하는 데 책임이 있다. 일반적으로 의사의 전통적인 역할은 질병과 외상에 대한 치료이지만 호스피스·완화의료 의사들은 통증관리를 그들의 실무에 포함시키고 있다. 이들은 호스피스의 의료책임자로서 치료적인 면보다 지지적이고 완화를 위한 계획을 세우고 증상을 관리하며 호스피스에 참여하는 다른 의사를 돕고 의료인과 호스피스 요원을 교육시키고 계획을 세우기도 한다. 의사는 호스피스의 핵심적인 팀 구성원으로서 특히 의료사회사업활동에 있어서 다른 팀의 성원보다 밀접한 관계에 있다.

(3) 호스피스 간호사

간호는 의사의 처방에 따른 치료 보조 활동과 예방적 조치를 실시하는 사람으로서 인간의 건강유지, 증진 및 최적의 건강유지를 위한 돌봄을 제공한다. 호스피스 팀 가운데 환자들과 가정 많이 접촉하는 성원은 간호사로서 이들의 간호가 어떠하냐에 따라 호스피스의 질이 좌우된다. 호스피스 간호는 환자와 가족에게 기본적인 신체 간호를 제공하고 통증과 증상을 조절한다. 필요할 때마다 언제나 환자의 요구에 응하여 직접 간호를 제공하고 가족이 가정에서 환자를 돌볼 수 있도록 지도하며 정보 제공과 상담도 할 수 있다. 또한 간호조무사와 자원봉사자의 일을 조정하고 감독하며 환자와 가족 그리고 다른 팀 구성원 사이에서 중개역할을 담당하기도 한다.

(4) 호스피스 사목자

임상 사목자들은 의료 환경 내에서 건강관리팀의 일부분으로서 대상자의 영적인 요구를 돌보고 있다. 일반적으로 특정한 종교에서 설립된 병원들뿐만 아니라 대형 의료기관들은 전시간제의 임상 사목자를 두고 있는데 그들은 보톤 정규적으로 계획된 종교적이 서비스를 제공한다. 호스피스 사목자는 영적 돌봄의 조정자로서 임종환자와 그 가족의 영적 요구를 충족시키고 보조한다. 이들은 신앙 문제에 관하여 전문적인 도움을 주며 상담하고 중교 단체에 환자와 가족을 소개하며 호스피스 요원을 대표하여 호스피스 프로그램을 지역사회공동체에 소개하기도 한다.

(5) 호스피스 사회복지사

　호스피스 사회복지사는 임종환자와 그의 가족을 돕기 위해 가능한 모든 자원을 수집하며, 특히 재정적, 법적, 보험 관계 등의 문제 해결을 돕고 심리 사회적인 측면의 도움을 주기 위해 상담자 역할을 한다. 특히 사별 가족의 임종으로 인한 슬픔, 상실에 대한 고통에 관심을 두고 이를 극복하도록 그들을 지원한다. 호스피스 사회복지사는 삶과 죽음에 대하여 긍정적인 태도를 가진 사람으로서 적절한 임상경험을 가지며 임상수련을 포함한 호스피스 교육을 이수한 의료사회복지사로서 특히 개별상담과 집단상담의 경험과 지역사회 자원체계의 정보망에 대한 실무와 지식이 있는 사람이어야 한다.

(6) 자원봉사자

　자원봉사자란 경제적 보상 없이 자발적으로 자신의 서비스를 자유롭게 사회복지분야에 제공하며 활동하는 사람들을 말하는데 이들은 호스피스에서 매우 중요한 역할을 한다. 호스피스에서 자원봉사자는 환자와 가족을 호스피스 기관이나 병원 혹은 집으로 방문하여 환자와 가족을 지지하고 안심시키며 전 가족을 단위로 사랑하며 인간적인 관심을 갖고 환자가 용기를 갖도록 격려한다.

(7) 치료사

　물리, 작업치료사 및 임상미술치료사, 음악치료사, 명상, 요가, 원예, 향기치료사 등이 있다.

(8) 기타요원

3) 호스피스 팀 접근에서의 사회복지사의 역할

호스피스 팀 내에서의 사회복지사의 역할에 대한 인식은 미흡하여 대개 다른 팀 구성원, 특히 간호사에 의해 수행되고 있는 경우가 허다하다. 이러한 요인은 첫째, 호스피스 활동의 효시에서 지금까지 대부분 종교기관을 중심으로 시행하고 있는 점을 들 수 있으며, 둘째, 호스피스 팀 구성원의 역할에 대한 지침이 마련되어 있지 않아 호스피스 팀워크 접근에 있어 상호역할 한계가 명확하지 않으며, 그 역할이 중복되고 호스피스 사회복지사의 역할에 대한 인식 부족으로 전문가로서의 역할수행에 어려움을 안고 있다. 셋째, 의료기관의 사회복지사의 경우, 업무의 전문화 및 세분화가 되어 있지 않아 호스피스 팀워크 접근을 위한 수적 열세 및 서비스 영역에 집중적인 역할 개입이 어렵고, 또한 사회복지사의 호스피스에 대한 전문지식과 경험 부족 등으로 팀의 역동성을 기여하지 못하고 있다. 넷째, 호스피스가 제도화 및 표준화되어 있지 않아 체계적으로 운영되지 못하고 있고, 이로 인한 재정적 어려움이 저해요인으로 작용하고 있으며, 팀워크의 역할기대에 따른 사회복지사의 역할 개입의 활성화를 이루지 못하고 있다.

(1) 호스피스 환자와 가족을 대상으로 한 사회복지사의 역할

호스피스 care에 있어서 사회복지사는 대상자가 질병 가운데 삶을 연장함에 있어 문제 해결활동에 있어 요구되는 부분이나, 고통스러운 감정을 관리하는 것이나, 낙천적인 자존감 등을 갖는 일 등을 하도록 한다.

또한 지속적인 care가 제공될 수 있도록 대상자가 환경과 safe pass, safe conduct가 가능하도록 하는 safe passage을 역할을 수행한다. 즉 대상자가 익숙하지 않고 당황스러워하는 변화들을 잘 해결해 나갈 수 있도록 전인적인 care를 제시하는 관리자와 상담자의 역할을 수행할 수 있을 것이다.

사회복지사의 역할	기대되는 행동들	가능한 결과들
대변자	환자와 팀원 가족 간의 의사소통이 깨어졌을 때 다시 관계를 갖게 해 줌.	환자와 팀원, 가족 간의 열린 의사소통이 가능해짐.

상담자	상한 감정의 관리효과의 표현, 회상, 문제해결 기술들의 이용으로 환자를 도와 안정화 효과를 제공함.	환자의 대체능력과 자존감 향상
교육자	개인과 집단의 대처기술을 교육 준비	Care과정 요구처리에 환자들이 문제 해결 능력들이 사용되게 해 줌.
가능하게 하는 자	환경에 자원사용이 가능하게 하거나 동일시 과정이 가능하게 함.	자원이 관계되거나 환자가 자원을 활용하는 일들이 가능함.
촉진자	선택범위의 확인과 선택에 환자가 수용하도록 촉진함.	환자가 한정된 범주 내에서 결정하게 됨.
중재자	모순된 상황 속에서 중재를 제공함.	사람들 사이의 차이를 조정이 가능
협동자	정의된 문제, 주어진 협조체계들과 선택범위에서 환자를 도와줌.	환자는 자신의 Care에 적극적으로 참여함.

(2) 호스피스 팀원을 대상으로 한 사회복지사의 역할

호스피스 팀원들은 각 분야에 있어서 전문적인 기술과 철학을 가진 다양한 사람들로 구성된다. 이러한 호스피스 팀이 더욱더 효과적으로 기능을 수행하기 위해서는 이들의 결과를 하나로 묶어 주고 관리하는 일들이 요구된다. 이러한 역할을 담당하는 일들이 곧, 호스피스 사회복지사의 역할이라고 할 수 있다.

사회복지사의 역할	기대되는 행동들	가능한 결과들
대변자	호스피스 참여자의 의사소통이 깨졌을 때 다시 관계를 갖게 해 줌.	의사소통의 통로가 열려짐.
합작자	판단하고 사정하고 수행하고, 활동평가계획들의 수행자들과 협력함.	다양한 호스피스 팀원의 재능이나 기술 등이 조정되고, 환자나 가족의 대처능력의 반영과 요구들이 호스피스 팀원들 care와 효과적인 활동에 반영
교육자	질병 말기의 인간의 대처능력의 기전과 역동성의 구조 교육	환자나 가족들과 마지막의 대처능력에 대한 사정에 있어 팀원들의 능력을 향상시켜 줌.
컨설턴트	팀원이 가족의 다양성을 이해하도록 도움.	팀원이 환자와 가족과의 관계 속에서 그들만의 특이한 요구를 인식하고 그것이 Care의 과정 가운데 반영되도록 함.
유지자	매일 호스피스 팀원의 의사소통의 유지를 도움.	환자를 둘러싸고 있는 환경에 대한 호스피스 팀원에 대한 인식적 행동
지지자	팀원의 정서적인 지지에 공헌함.	팀원의 평형이 스트레스가 강한 상황에서의 역할 수행하에서 아주 충분한 역할을 감당할 수 있게 해 줌.

(3) 지역사회 service Network에서의 호스피스 사회복지사의 역할

지역사회 자원연결은 호스피스 환경의 본질적인 구조이다. 환자와 그의 가족들은 호스피스에 대해 긍정적이지 못한 시각을 가지고 있기도 하다. 이러한 가운데 호스피스 사회복지사는 지역사회의 각종 조직이나 자원을 활용하여 대상자들이 호스피스에 접근하도록 유도하여야 한다. 또한 호스피스 조직에서 얻지 못하는 차이는 비환자집단 등이나 새로운 프로그램의 개발 등을 통해 얻을 수 있도록 하는 일을 담당하여야 한다.

사회복지사의 역할	기대되는 행동들	가능한 결과들
컨설턴트	호스피스 서비스들과 care과정을 대상자들이 개별적으로 이해하도록 도움.	반영된 지식과 이 환자들에게 설명됨. 호스피스 서비스들의 적합함.
교육자	호스피스 care 구조 교육	말기환자를 돌보는 건강전문요원들의 기술을 향상
혁신자	환자들과 가족들, 지역사회의 요구를 수렴하는 새로운 프로그램의 창조	환자들과 가족들 그리고 지역사회의 요구를 수렴하는 프로그램들을 고안하여 충족시킴.
연락자	환자 지지구조들 사이의 연결고리의 역할	본질적인 환자의 care구조들이 연계됨.
협상자	모순된 상황 속에서 중계를 제공함.	사람들 사이의 차이들 조정이 가능
조직자	호스피스 케어의 사명으로 서비스 네트워크의 반응들이 영향력 있게 함.	말기환자나 그들의 가족들에 대한 care의 접근에 서비스 네트워크의 원안들이 반영됨.

(4) 우리나라 호스피스 사회복지사의 역할

우리나라 호스피스 팀으로서의 사회복지사의 인식은 매우 부족한 실정이며, 호스피스 내에서의 사회복지사의 역할들은 다른 팀 구성원들에 의해 수행되고 있다. 우리나라의 실정에 맞는 대표적인 역할을 정리해 보자.

첫째, 기금 조성 관리자로서의 역할이다. 호스피스 팀원으로서 환자와 가족의 사회, 경제적인 부문의 문제 해결을 위한 중재역할과 상담의 역할을 수행하여야 하며, 또한 호스피스 팀을 위한 사회, 경제적인 부분에 요구를 해결해 줄 수 있는 역할을 수행하여야 한다.

둘째, 호스피스 대상자를 위한 상담자와 치료자적 역할이다. 여러 가지 총체적이 모습을 가진 인간으로서 요구는 단지 의료진에 의한 신체적 요구의 만족이나 성직자에 의한 영적인 요구 충족 이외에도 사회, 심리적인 다양한 요구를 지니고 있게 된다.

셋째, 자원관리이다. 호스피스 자원은 기관의 기금과 같이 재정적인 자원뿐만 아니라 자원봉사자를 포함한 인적 자원과 지역사회의 각종 기관, 단체, 자연환경, 물리적 환경 등과 같은 물적 자원 등 다양한 지역사회의 가치 있는 유기적 존재가 모두 포함된다.

넷째, 장례와 사별관리이다. 호스피스는 환자가 생존하고 있을 때뿐만 아니라 환자 사별 후 유가족에 대한 관리가 중요하다. 오랜 기간 동안 호스피스 환자를 돌보는 가운데 생겨난 심리적 요구와 사회경제적 요구를 해결하고 지지해 주어야 한다. 이러한 과정은 지속적인 사별관리 프로그램으로 연계되어 남은 유가족이 원만한 사회의 구성원으로서 살아가도록 하는 역할을 수행하여야 한다.

다섯째, 호스피스 팀의 요구를 관리하고 중재하여야 한다. 원만하게 과정이 수행되어질 수 있도록 때로는 대변자로서 중재자로서의 역할을 수행할 수 있으며, 호스피스 활동의 특성상 호스피스 팀원들의 소진되는 문제를 해결하기 위한 프로그램을 수행해야 한다.

4. 호스피스 사회사업의 실천과정

호스피스 사업을 포함한 모든 사회사업의 실천은 전문적인 활동으로 구성된 일련의 과정을 통해 이루어지는데, 일반적으로 과정이란 "발전적이고 지속적인 작업으로서, 특정의 결과나 목적을 추구하기 위한 통제된 행동이나 활동으로 구성된다: 고 정의된다(Sheafor, horejsi & Horejsi, 1991: 64, quoting; 김융일・조흥식・김연옥, 2000: 171~172).

그러므로 호스피스 사회사업 실천에 있어 모든 과정의 각 단계에는 특정의 목표가 있으며, 이를 달성하기 위해 기대되는 의료사회복지사의 개입과 과제가 있다. 따라서 호스피스 사회사업의 실천과정을 이해함에 있어 각 단계에 대한 개념은 매우 중요하다.

그런데 호스피스는 보건, 의료분야의 새로운 3차 건강관리 형태이며, 호스피스 사회사업이란 호스피스 장에서 이루어지는 의료사회사업분야 가운데 하나이므로, 그 실천과정 또한 일반적인 의료사회사업의 실천과정과 크게 다르지 않다.

그러므로 의료사회사업의 실천과정모델을 중심으로 알아보도록 하겠다.

1) 접수

환자가 호스피스 대상자로 접수되었을 때, 혹은 호스피스 팀에 사회복지사가 상근하지 않을 경우 말기 환자나 가족이 의료사회복지사를 찾아오거나 의료진 또는 호스피스 기관에 의해서 의뢰되어 도움을 요청할 때, 사회복지사가 환자와 가족의 요구와 의뢰된 문제를 확인하고 이에 적합한 서비스를 제공할 수 있는지의 여부를 판단하는 시기이다.

(1) 준비와 문제 확인

환자와 접촉하기 이전에 이루어지는 준비단계는 서비스의 제공과 개입과정을 성공적으로 시작할 수 있도록 한다.

호스피스에서 의료사회복지사의 첫 과업은 환자가 적절하게 자신을 준비하도록 돕는 것이다. 이를 통하여 초기접촉을 위한 준비를 할 수 있다. 이 같은 준비는 예기되는 감정이입, 사려 깊은 반응과 계획을 내포한다.

접수 시의 문제 확인이란 말기 환자와 가족의 문제가 무엇인지를 확인하는 것이다. 여기서의 문제는 주로 환자와 가족들이 처음 호소하는 것이지만 실제 문제는 처음 호소한 것들과 다른 경우도 많다. 따라서 사회복지사는 환자와 함께 그의 실제 문제가 무엇인지 정확하게 파악하고 그에 대한 서비스를 제공할 수 있는지 평가하여야 한다.

(2) 관계형성

관계형성이란 환자들이 일반적으로 보이는 두려움과 양가감정을 해소하기 위해 의료사회복지사와 상호 긍정적인 친화관계를 형성하는 것을 의미하며, 사회복지사가 환자와 가족, 그리고 관련된 사람들과 함께 업무수행상의 관계를 확립시키는 것을 말한다.

호스피스 사회복지사는 말기환자와 가족들이 질병과 관련된 스트레스를 다룰 수 있도록 도우며, 실질적인 문제 해결을 위한 자원의 분배, 퇴원계획 등을 통해 사회사업 서비스가 전달된다는 사실을 주의 깊게 설명해야 한다. 제공하는 서비스의 목적과 서비스의 제공방식에 대해 가능한 한 명확하게 설명하는 것이 중요하다.

관계를 확립시키기 위한 첫 번째 과정은 호스피스에서 사회사업의 서비스 제공과 역할, 기능을 명료하게 설명하는 것이다. 또한 의료사회복지사, 의사와 간호사, 그리고 다른 호스피스 팀 전문요원들과의 관계에 대해서도 설명해야 하는데, 이는 호스피스에서 수행되는 사회사업 서비스에 대해 이를 미리 알고 요구하는 환자나 가족은 매우 드물기 때문이다.

2) 기초자료

기초자료 수집의 목적은 문제를 이해하고 분석하여 개입을 계획하기 위한 것이며, 기초자료란 이에 필요한 수집된 자료를 말하는데 이는 초기접수 단계에서 문제를 확인하여 서비스를 줄 것인가를 결정하기 위한 정보수집과는 다른 것이다.

(1) 정보의 출처

호스피스 사회복지사는 환자의 문제를 이해하고 분석하고 해결하기 위하여 진료경과 기록지 등 의무 기록지, 상담의뢰서, 환자나 가족과의 면접, 환자나 가족의 언어적, 비언어적 행동에 대한 관찰, 호스피스 팀원으로부터의 정보, 각종 임상검사의 결과 등 다양한 정보의 출처를 통하여 필요한 정보를 수집하는데 Zastrow(1995)는 이 가운데 대표적인 7가지를 다음과 같이 소개하였다.

① 환자가 말하는 것
② 접수서류 양식
③ 부수적 정보
④ 심리적 검사
⑤ 환자의 비언어적 행동
⑥ 중요한 사람과의 상호작용과 가정방문
⑦ 직접 상호작용하면서 느끼는 사회복지사의 감정

(2) 기초자료의 내용

호스피스 사회복지사는 다른 분야의 사회복지사와 마찬가지로, 문제를 이해하기 위하여 적절한 정보를 가능한 한 많이 얻을 필요가 있다.

특히 호스피스에서의 한 사회사업은 기초자료를 수집함에 있어서 환자의 개인적, 환경적 요인이 질병요인과 어떻게 상호작용하여 추가적인 스트레스를 발생시키는지를 이해하는 것이 중요하다. 따라서 환자의 발달단계와 과업을 이해하는 것이 필요하며, 또한 개인 삶의 과업과 상호작용하게 되는 가족의 과업을 이해하게 되면 말기환자 개인의 질병이 가족의 기능에 어떻게 영향을 주는지 이해할 수 있다.

문제 사정을 위한 기초자료는 다음과 같은 내용들이 포함된다.

(가) 환자에 대한 기본적인 자료

환자의 이름, 연령, 결혼상태, 성별, 직업, 외국인일 경우 사용언어와 인종, 환자와 관련되어 있는 종교, 주거형태, 학력, 월수입, 의료보장, 보험 등 생활환경과 관련한 간략한 인구학적 정보를 제공한다.

(나) 문제에 대한 정보

환자의 문제를 이해, 분석, 해결하기 위하여 환자, 가족과 의료사회복지사가 함께 문제를 명확히 하고 문제에 영향을 미친 요인과 문제를 지속시키고 악화시키는 요인에 대한 정보를 개인적, 환경적 측면에서 찾아보는 것이다.

따라서 호스피스 사회복지사는 말기환자의 가장 빈번한 문제유형을 알고 있어야 한다. 이 말은 다시 말해서 사정해야 하는 문제영역을 알고 있어야 한다는 것이다. 이에 대하여 Ashaman과 Hull(1993: 153~156)은 환자와 가족의 가장 빈번한 문제를 ① 인간관계에서의 갈등, ② 사회적 관계에서의 불만족, ③ 공식적 조직과의 문제, ④ 역할 수행상의 문제, ⑤ 사회적 전환에서의 파생되는 문제, ⑥ 심리, 행동상의 문제, ⑦ 자원의 부재나 결핍의 문제, ⑧ 의사결정의 어려움, ⑨ 인정 간의 상이한 문화로 인해 파생되는 문제 등 9가지의 유형으로 설명하였다.

특히 환자가 이야기하는 주요 문제는 매우 중요한 자료로서 환자가 왜 도움을 받으려하고 왜 도움을 받기 위해 보내졌는가를 말해 준다. 비록 환자가 말할 수 없을지라도 이는 기록되어야 하며 정보를 제공하는 사람에 대한 묘사 또한 포함되어야만 한다. 환자의 진술은 그것이 얼마나 괴상하고 부적절하건 간에 객관적으로 항목에 기록되어야만 한다.

(다) 병력
① 현 병력
현 병력은 호스피스 전반에서 특히 중요하게 요구되는 기초자료 가운데 하나이다. 호스피스 사회복지사는 환자의 현재 질환에 대한 자료 수집을 구체화할수록 더욱 정확한 사정을 할 수 있다.

② 과거의 병력
과거의 환자병력에 대하여 잘 아는 것은 또한 현재 말기질환을 앓고 있는 환자를 조망하는 데 도움을 줄 것이다. 이는 과거에 질병에 영향을 미친 요인과 문제를 지속시키고 악화시키는 요인에 대한 정보를 찾아보는 것이다. 따라서 과거의 일반적 질환과 정신적 질환에 관련된 사건은 모두 기술되어야 한다.

(라) 발달력
발달력이란 환자가 살아온 개인력을 말하는데 이는 인간의 생활주기에 따른 인간관계, 생활사건, 환자의 감정 등으로서 각각의 생의 주기와 관련된 주요한 정서들은 기록되어야만 한다. 여기서 발달이라는 것은 인간이 생존에 필요한 기능을 습득하고 처해 있는 환경에 맞추어 나아가려는 적응의 연속이라고 할 수 있다. 즉 발달은 태어날 때부터의 주어진 신체적, 생물학적 요소와 그 개체가 처해 있는 환경으로부터의 경험 두 가지 요소가 상호작용하여 얻어지는 심리상, 행동상의 기능적 구조화라고 정의할 수 있다. 따라서 발달을 논할 때에는 항상 생물학적 요소와 경험적 요소를 포함해야 하며 원인을 찾을 때에도 이 두 가지 요소가 동시에 작용함을 인정하고 두 요소 간의 상호관계를 이해하는 것이 사정과 개입에 필수조건이 된다.

(마) 가족력

가족력에는 원가족의 가족상황과 가족관계 그리고 현재의 가족구성과 가족 관계 등이 포함된다.

환자의 가족력을 조사할 때 이 부분에는 현재의 환자 가족들의 여러 병력, 입원력, 그리고 치료력에 관한 내용이 기술된다. 또 가족력은 환자와 함께 살았던 일가뿐만 아니라 환자의 아동기에서부터 현재까지 환자의 집에서 함께 살았던 모든 사람들의 성격과 지식수준에 대한 설명을 제공한다.

호스피스 사회복지사는 환자를 양육했을 때 가족들의 각각의 역할과 그들과의 현재의 관계는 물론 가족의 인종, 국적, 그리고 종교적 전통은 무엇이었고 현재는 무엇인가 등에 대하여도 확인하여야 한다. 특히 환자보다는 다른 사람에 의한 정보가 가족력을 확인하는데 신뢰성이 높고 그러한 정보의 출처는 기록되어야만 하는데, 다양한 가족구성원들이 같은 사람이나 사건에 대해 다르게 묘사하는 경우가 흔히 있으므로 주의해야 한다.

(바) 환자의 기능, 자원, 한계, 장점, 동기

환자의 기능에는 지적 기능, 정서적 기능, 신체적 기능, 행동적 기능, 대인관계 기능, 업무능력, 문제해결능력 등이 포함되며, 환자의 자원에는 환자가 현재 이용하고 있는 서비스, 활용 가능한 자원 등이 모두 포함된다.

그리고 문제를 해결하는 데 있어 환자 개인이 가지고 있거나 혹은 환자를 둘러싸고 있는 환경 속에 있는 한계, 장점, 동기 등에 대한 정보가 기초자료에 포함된다.

모든 사회사업 분야에서의 서비스 실천과정은 필요한 정보의 충분한 수집과 그것들의 의미에 대한 사정, 그리고 그런 의미에 근거한 개입계획의 개발과 이에 따른 개입을 필요로한다. 그런데 호스피스 사회사업의 임상현장에서는 임종의 불안과 공포에 휩싸여 있는 환자의 특성상 대부분 몇 차례에 걸친 면접을 통해 필요한 정보를 모두 얻을 만한 여유를 가질 수 없으므로, 대체적으로 기초자료수집, 사정과 계획, 개입이 모두 첫 번째 면담에서 이루어져야 하는 경우가 많다.

따라서 호스피스 사회복지사는 다면적인 고통에 직면한 환자로 하여금 그들이 도달해야 할 목표와 과업에 대해 신속하게 동의하도록 해야 하며, 또한 이를 위한 계획에 얼마나 깊이 있게 참여할 수 있을지를 판단해야 하고, 가족들이 중요한 정보제공자일 때는 특정한 종류의 정보가 중요하다는 것을 그들이 이해하도록 돕는 고도의 기술을 갖추고 있어야 한다.

3) 문제사정과 초기계획

문제사정은 그동안 수집한 정보를 분석하여, 사회복지사가 전문적 소견으로 판단한 것이다. 즉 사정이란 사회복지사의 지적 활동으로서 그의 실무경험, 가치, 이론적 기반 등 전문적 지식기반에 근거하여 이루어지는 판단작업을 말한다.

호스피스 사회복지사는 환자가 호소하는 문제와 욕구, 그리고 요구충족을 방해하는 요인들을 고려하여 문제를 사정하고 그것을 통해 목표설정과 전문적인 개입계획을 세우게 되는 것이며, 이러한 계획에 따라 적절한 서비스와 개입을 하게 된다.

(1) 문제 사정

(가) 사정의 본질

사정이라는 것은 문제가 무엇인지, 어떤 원인 때문인지, 그리고 그 문제를 해결하거나 줄이기 위해 무엇이 변화되어야 하는지에 대해 답하는 사회사업실천 과정의 핵심적 단계로서, 사회사업 실천가들이 클라이언트에게 적절한 서비스를 제공하기 위해 필요한 자료를 수집하고 문제를 정의하며 그 문제를 해결하기 위한 개입계획을 세우는 전 과정을 말하며 사정은 클라이언트를 처음 만났을 때부터 종결지을 때까지 계속적으로 발생하는 과정이다.

(나) 사정의 내용

문제 사정에는 많은 요인들이 포함되는데 그 내용은 문제의 배경에 따라 다르지만 어떠한 문제의 사정이든지 다음 것들을 포함한다. 그것은 ① 문제의 발견과 서술, ② 사회적 상황의 역학분석, ③ 목표와 표적의 설정, ④ 과정과 전략의 결정, ⑤ 변화노력의 안정화로서, 이러한 문제사정은 성문화된 서술이어야 한다.

(다) 사정의 대상

① 가족에 대한 사정

개인의 질병과 상호작용하게 되는 가족의 과업과 기능을 이해하게 된다면 가족이 환자에 대한 개인의 삶의 과업에 어떻게 영향을 주는지 이해할 수 있다

② 정신적 상태에 대한 사정

정신적 상태는 시공간의 지향 측정, 장단기 기억, 심리의 적절성 등을 의미한다. 이러한 정신적 상태를 사정하는데 고려되어야 할 범주는 ㉠ 일반적 외모와 태도, ㉡ 행동, ㉢ 시간과 공간의 지향, ㉣ 기억, ㉤ 감각, ㉥ 지적 기능 수행, ㉦ 기분과 정서, ㉧ 지각의 왜곡, ㉨ 사고 내용, ㉩ 통찰, ㉪ 판단에 대하여 확인한다.

③ 역할수행상의 문제에 대한 사정

역할수행과 관련되어 파생되는 문제는 기본적으로 자신이 수행하는 역할과 외부에서 기대하는 역할 간의 심각한 괴리로 인해 발생한다.

④ 대처전력과 방어기제에 대한 사정

환자가 어려운 상황에 대해 어떻게 반응할 것인지를 예측하기 위해 환자가 보통 사용하는 대처방법과 방어기제를 확인한다.

대처방법이란 정서적 고통, 대인관계에서의 갈등, 스트레스, 개인적인 문제 등을 다루기 위해 사람들이 의식적으로 통제하여 취하게 되는 생각이나 행동을 의미한다.

한편 방어기제는 부정, 투사, 억압, 반동형성, 합리화, 대치, 주지화 등이 있는데 이는 문제에 대한 습관적이거나 무의식적인 행동전략으로서 개인의 내적, 외적 스트레스나 위험으로부터 개인을 보호하기 위해 자동적으로 나타나는 것이다.

⑤ 자원에 대한 사정

자원에 대한 사정은 환자가 충족되지 않은 다양한 요구들을 가지고 있느냐에 대한 관점에서 시작된다. 일반적으로 환자의 요구들이 충족되지 않았다는 것은 그 사람이 그 욕구를 충족시킬 충분한 자원을 갖고 있지 않음을 의미한다. 환자의 자원에 대한 사정은 환자의 문

제해결 능력, 필요한 자원과 한계, 성격 등의 측면에서 이루어진다.

⑥ 장애물 사정

사람들이 필요한 자원을 얻고 사용하는 데 겪는 어려움을 말한다. 이러한 장애물 중 어떤 것은 환경에서 비롯된다. 이것은 필요한 서비스가 존재하지 않거나 환자가 그것을 사용하기 적합하지 않거나 사용할 수 없을 때 발생한다. 때로는 그 장애물이 도움을 구하거나 문제 해결을 하려는 환자의 동기부여가 낮은 경우처럼 환자의 태도에 놓여 있는 경우도 있다.

유형	구체적인 내용
외부 장애물	부적절한 자원, 고갈된 자원, 필요한 이차적 자원의 결핍, 자원 이용에 대한 무능력
내부 장애물	비관주의, 비판주의, 운명주의, 냉소주의
선천적인 무능력	정신지체, 물질남용, 정신 질환, 신체적 질병/손상

⑦ 사회적 지지에 대한 사정

환자가 다양한 유형의 사회적 지지를 구할 수 있는 사람들을 확인하는 작업을 말한다. 즉 환자가 적절하고 효과적인 사회적 지지를 사용하도록 돕기 위해서는 환자의 잠재적인 사회적 지지를 확인하고 사정하는 데 참여시키는 것이 필요하다.

⑧ 강점 사정

의료사회복지사는 환자와 그를 둘러싼 상황을 평가할 때, 약점이나 병리적인 부분보다는 강점을 강조하여 역기능적인 행동보다는 문제 해결의 기능적 부분을 사정해야만 한다. 즉 환자가 할 수 없는 것이나 하지 않을 것보다는 그가 할 수 있고, 할 의지가 있는 것에 초점을 두어야 한다는 것이다.

(라) 문제사정과 개입의 틀

문제사정의 핵심은 발견된 환자와 가족의 여러 가지 문제에 대한 요인을 분석하는 작업으로서, 호스피스 사회복지사는 개인적·환경적·문화적인 요인들이 어떻게 질병의 요인과 상호작용하여 환자와 가족 모두의 스트레스의 정도나 대처자원의 양과 질에 영향을 주는지를 주의 깊게 고려해 보아야 한다. 그런데 말기환자나 가족이 가지고 있는 여러 종류의 각기 다른 문제들은 상호 밀접하게 관련되어 있으며 상호 영향을 주기도 하고 받기도 하므로, 이러한 문제들을 개별적으로 취급하거나 통제하는 것은 불가능하다. 따라서 호스피스에서의 의료사회사업 실천은 개입 영역별로 광범위하게 구분된 틀을 사용함으로써 보다 합리적이고 객관적인 문제사정과 이에 따른 개입계획을 수립하게 된다.

(2) 초기계획과 계약

호스피스 사회복지사와 말기환자는 문제를 파악하고 이 문제를 해결하기로 동의하면 이제 그 결과가 어떠할지에 대해 논의하게 되는데 이러한 과정이 초기계획이며, 이때 사회복지사는 행동계획을 개발하기 위해 환자와 가족의 상황, 문제, 욕구와 강점에 대한 사정을 사용한다.

즉 초기의 개입계획이란 환자의 문제를 해결하거나 줄이기 위해 무엇이 변화되어야 하는지에 대한 목표의 설정과정으로서 어떻게 환자나 가족들을 도와야 할지에 대한 지침의 역할을 하는 것으로, 이는 사정에 근거하여 이루어지는 것이라고 할 수 있다.

계획단계에서는 가능한 전략과 기술, 가용자원을 다양하게 고려하는 것이 중요하다. 호스피스에서 의료사회복지사는 다양하게 제시된 계획을 사용하는 함의에 대해 논하게 된다. 또한 목표와 관련된 계획의 수단을 확실히 하는 것도 중요하다. 의료사회복지사와 환자는 함께 어떻게 하면 손쉽게 일을 진행시킬 것인지를 결정하게 된다.

다음으로 호스피스 사회복지사는 문제 사정에 따른 개입계획이 이루어지면 개입에 앞서 환자와 계약서를 쓰거나 구두로 계약을 하게 된다. 계약에서 동의해야 할 기본요인은 ① 당사자들의 주요 목표, ② 그 목표를 달성하기 위해 각자가 수행해야 할 과업, ③ 변화과정을 위한 운영절차 등으로서, 각 요인들의 기본요소는 계약조건을 지키기 위한 각자의 책임을 명확히 하는 것이다.

계약단계에서 호스피스 사회복지사는 환자가 계약의 내용을 이해하는지, 그가 사회복지사에게 무엇을 기대하는지, 이 상황에서 환자 자신의 책임을 이해하는지 확실히 해야 한다. 또한 계약이 끝나기 전에 환자가 계약에 대해 가질 수 있는 부정적인 감정을 탐색해야 한다.

4) 개입단계

(1) 개입단계에서의 과업

개입단계는 호스피스 사회복지사와 환자가 사정된 자료를 기반으로 설정된 목표와 확정된 각각의 과업을 수행함으로써 치료, 변화에 돌입하는 시기를 말한다. 즉 환자와 사회복지사가 동의한 목표와 과업을 위한 계획들에 따라 환자의 문제를 해결하거나 줄이기 위하여 적절한 서비스를 제공하고자 직접 행동하는 시기이다.

(가) 환자·가족과 집단의 과업
① 희망적인 태도를 유지하는 것
② 질병의 변화나 환경적인 조건이 요구하는 개인적, 환경적인 문제에 관심을 갖고 현재와 미래의 요구들에 대처하려는 노력에 초점을 두는 것
③ 질병의 변화나 환경적인 조건이 요구하는 개인적, 환경적인 문제에 관심을 갖고, 현재와 미래의 요구들에 대처하려는 노력에 초점을 두는 것
④ 요구와 상황, 목표, 과업 등의 요구에 따라 대처방법을 변화시키는 것
⑤ 요구나 능력의 재검토, 내부적, 외부적 환류에 따라 대처행동을 재형성하거나 수정하는 일 등

(나) 호스피스 사회복지사의 과업
의사소통의 어려움 다루기, 임종통고 상담, 환자와 가족에게 도움이 될 수 있는 실제적인 서비스와 정보제공, 사별가족 상담 등 말기환자와 가족의 스트레스를 감소시키고 개인적, 환경적인 장애물에 대처하기 위한 자원을 강화하고 스트레스로 인해 생기는 고통스러운 감정을 다룰 수 있도록 돕는 것이다.

호스피스 사회복지사의 다양한 과업은 임상사회복지사의 특정한 역할과 연관된다. 즉 동원자, 교사, 중재자, 조력가, 촉진자, 옹호자, 상담가, 사례관리자, 보건서비스의 지역사회연계망 개발 등의 역할과 관련되며, 이러한 역할은 개입의 내용이 환자의 능력, 개인적인 장애, 또는 효과적인 대처방법을 초점으로 할 때 요구된다.

(2) 과업수행과 기법

(가) 과업의 수행

개입단계에 있어서 해결되어야 할 환자의 대처과업과 이를 돕기 위한 호스피스 사회복지사의 행동을 Johnson(1992)의 8가지 행동은 다음과 같다.

① 관계가 발전하도록 돕는 행동

② 상황 속의 인간에 대한 이해를 발달시키는 행동

③ 계획과정 속에 참여시키는 행동

④ 자원의 유용성을 환자가 알게 하며, 이를 · 사용하도록 하는 행동

⑤ 환자에게 권한을 부여하는 행동

⑥ 위기상황에 끌어들이는 행동

⑦ 환자와 함께하는 활동을 고려하는 행동

⑧ 환자와 그들 환경 속의 체계 사이의 중재적 행동

이러한 호스피스 사회복지사의 다양한 역할과 활동은 경험을 통해서 발전시킬 수 있다. 다양한 상황과 다양한 요구를 가지고 있는 환자를 돕기 위해 의료사회복지사들은 다양한 형태의 기술을 적절하게 사용해야 효과적인 결과를 얻을 수 있다는 것이다.

〈환자의 대처과업과 호스피스 사회복지사의 임상과업과 역할〉

환자의 대처과제	사회복지사의 실천과제	사회복지사의 역할	
		환자초점	환경초점
질병, 장애의 계속적인 요구에 대처하기 위한 동기	− 대처노력에 대한 격려와 보상의 제공: 양가감정과 저항을 다룸. − 환경에 영향을 미쳐 대처노력에 대한 인센티브와 보상을 제공하도록 함.	동원자	동원자
질병, 장애나 다른 스트레스로부터의 요구를 다루는 문제해결활동	− 대처기술에 대한 지시를 개인 · 집단에게 제공 − 환경이 대처기술에 대한 지지를 제공하도록 유도	교사 지도자	협력자 중재자
고통스러운 감정을 관리하고, 자기 존중감을 유지하여 최적의 대처노력이 이루어지게 함.	− 정서적 지지를 제공 − 회복, 장애의 관리 혹은 효과적인 대처에 저해가 될 경우 저항 및 과도한 의존 혹은 과도한 독립성을 다룸. − 자연적 지지체계를 조직하고 함께 일함.	조력자	조직가
자율성의 유지	− 효과적 대체에 필요한 정보, 시간 및 공간을 제공 − 신체적 조건에 적합한 선택이나 의사결정, 행동의 기회를 제공 − 과도한 의존이나 독립을 완화 − 필요한 경우 조직과 외부 환경을 변화하도록 함.	촉진자	촉진자 창안자 옹호자

(나) 개입기법

호스피스 사회사업에 있어서 개입은 다른 사회사업 임상실천과 마찬가지로 다양한 사회
사업의 전문적 지식과 기술을 사용한다. 즉 호스피스 사회사업은 보건, 의료분야인 호스피
스의 장에서 이루어지고 있는 사회사업의 전문적인 실천분야 가운데 하나이므로, 호스피스
사회사업 실천도 다른 의료사회사업분야와 마찬가지로 동일한 실천이론과 실천과정 그리고
실천방법의 기반 위에서 이루어지는 것이다.

5) 종결과 평가

(1) 종결

임상적 관계에서 가장 마지막 단계는 점차적인 관계의 종결과 평가이다. 즉 개입노력에
대한 마지막 평가, 그리고 전문적 관계에 대한 주의 깊은 종결로 호스피스 사회사업 실천과
정은 마무리가 되는 것이다. 이러한 종결과정을 통해 호스피스 사회복지사와 말기환자 그리
고 그 가족은 그들의 관계가 종결되어야하는 이유와 어떻게 경험을 발전시킬 수 있는가를
이해할 수 있다.

호스피스 사회복지사와 말기환자와 가족들은 그들의 과업에서 성공과 실패를 재의미해야
하고 목적 유지를 위해 계획을 세워야 하며 환자가 추구하는 새로운 목적을 설정해야 한다.
종결은 또한 사회복지사와 환자, 가족이 그들의 관계에서 느낀 것에 대해 인정하는 것을 포
함하며, 미래의 관계 관리에서 그들 서로의 신뢰를 강화하게 한다.

(2) 평가

평가란 호스피스 사회복지사의 개입이 효과적이었는지, 효율적이었는지를 사정하는 것이다.
효과성은 개입의 목표가 달성되었는지에 관한 것이며, 효율성이란 사용된 자원과 결과 사이의
비율로 알 수 있는 것인데, 이상적인 개입은 효과적이면서 동시에 효율적이어야 한다.

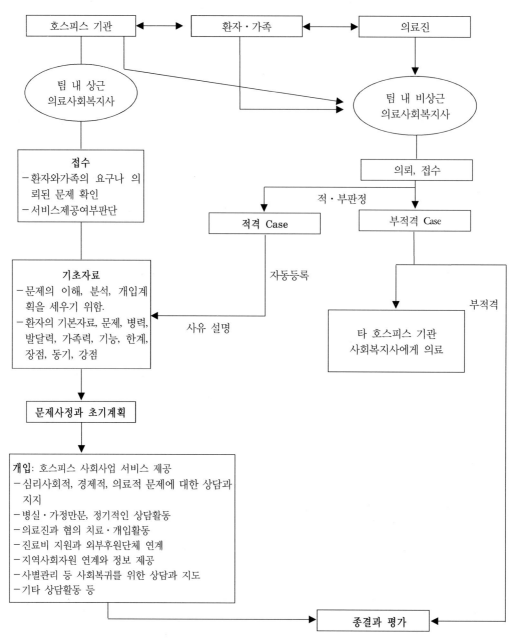

〈호스피스 사회사업의 실천과정〉

5. 호스피스 사회사업의 실천방법

1) 직접적 개입방법

호스피스에서 의료사회복지사는 말기환자와 그의 가족이 안정과 심리사회적 기능의 수준을 유지하도록 하고 그들이 질적인 삶을 영위할 수 있도록 개입, 지원하기 위한 여러 가지의 방법을 가지고 있다.

그 가운데 환자와 그의 가족에게 직접적인 도움을 줄 수 있는 실천방법으로 ① 상담치료, ② 환경의 조정, ③ 자원체계의 조직과 동원, ④ 사별가족 서비스 등을 들 수 있다.

(1) 상담치료

상담치료란 의료사회복지사가 주로 면접을 통하여 호스피스 대상자와 그의 가족이 정서적인 안정과 평형을 유지하도록 지지적인 상담을 제공하는 것(이광재, 1993; 83)으로, 이 실천방법은 지지요법을 통한 공포, 불안, 분노의 경감과 문제 상황에 대처하는 데 필요한 정보 제공, 새로 야기된 문제에 대한 가족 내의 원활한 의사소통 조장, 나아가서는 임종할 장소에 대한 환자의 선택과 재정적인 계획, 묘지와 장례식 절차에 대한 결정 그리고 자녀와 남아 있는 가족에 대한 바람 등 실용적인 방법까지도 찾을 수 있도록 '인격적이고 자유로운 결단'을 지원하는 것이다.

(2) 환경의 조정

임종을 앞둔 환자의 남은 삶을 보다 효과적이고 보람 있도록 유지하기 위하여 환경은 조정되어야 할 대상이며, 이는 생태학적인 환경은 물론 환자를 둘러싸고 있는 인간관계와 사회적 관계도 포함된다. 환경의 조정은 환자의 긴장이나 고통을 감소시키기 위해 그 상황을 이해하고 향상시키려는 의료사회복지사의 모든 노력으로서 기회의 제공이나 상황의 조정을 의미한다.

특히 사회적 지지와 적응에 대한 강화, 조정과 치료환경의 의도적 개선은 이 프로그램의 핵심적인 기능이라고 말할 수 있으며, 환자의 심리 사회적 고통과 신체적 고통을 완화시키는 데 유용하다.

호스피스 사회복지사는 말기환자와 가족이 사회적 기능을 원활히 하도록 하기 위한 심리적, 사회적, 신체적 고통의 제거나 변화를 위해 주기적으로 가족체계와 환자를 둘러싼 환경체계와 밀접한 관계를 가지며, 변화노력을 시도하게 되는 일련의 치료적 과정을 갖게 된다. 이때 임종을 앞둔 환자나 그의 가족들이 자기의 환경을 개선하기 위하여 가능한 한 스스로 필요한 변화를 발견해 내도록 격려해 주는 것이 가장 중요하다.

(3) 자원체계의 조직과 동원

호스피스에서 의료사회복지사는 말기환자나 가족에게 도움이 되는 인적, 물적, 제도적인 자원의 극대화를 위한 지역사회의 공적, 사적인 여러 가지 사회자원을 체계화하고 동원할 수 있도록 조직하고 계획하기 위하여 전문적인 기술을 사용한다.

이 실천방법은 말기환자와 그의 가족에게 필요한 자원을 적절히 지원함으로써 그들의 경제적, 심리적, 사회적 안정에 직접적으로 기여하는 것으로 호스피스 팀 구성원 가운데 사회복지사의 독특한 업무라고 볼 수 있는데, 특히 제도적으로 확충되지 않은 한국 호스피스의 경우에는 더욱 중요하고 역할기대가 큰 방법이라고 할 수 있다.

(가) 자원체계와 호스피스 사회복지사의 역할

말기환자와 그의 가족들은 인적, 물적, 제도적, 법적인 자원을 필요로 한다. 따라서 의료적 자원과 지역사회자원의 획득과 통합은 직접서비스 제공을 위한 호스피스 사회사업 실천모델에 있어서 중요한 전략이 된다. 즉 호스피스 사회복지사는 ① 병원 내의 의료적인 사회자원의 활용을 극대화하기 위해 자원 조직화는 물론 ② 환자의 고통완화와 가족의 재활과 사회복귀를 위한 지역사회의 공적, 사적인 자원체계를 조직하고 동원하는데, 이것이 타 전문가와 다른 독특한 역할을 한다.

이러한 자원체계와 관련된 호스피스 사회복지사의 역할은 다음과 같다.

① 행려환자나 보호자가 없는 환자, 퇴원 후 갈 곳이 없는 환자에 대한 자원과의 연결

② 활용 가능한 지역사회 내의 자원에 대한 정보 수집, 환자 또는 가족과 자원과의 연결

을 위한 정보 제공

③ 지역사회 자원, 시설, 제도 등의 활용을 위한 상담, 지역사회기관으로부터의 의뢰 상담
   (자원 활용 상담)

④ 지역사회기관과 상호 의뢰, 알선

⑤ 자원 봉사자 관리와 지도

⑥ 말기환자와 가족을 위해 공적, 인적, 사적, 물적, 환경적인 제반 자원들을 총동원하여
   요구와 자원을 효과적으로 연결하여 임종 후 사후지도 계획 상호 조정, 통합이 이루어
   지도록 한다.

이와 같이 호스피스 사회사업은 기관과 환자의 사회적 환경과 지역사회 간의 연계자, 환
경적 조정자로서 실질적인 서비스를 제공하며 호스피스 분야에서 사회사업의 기여는 신체
와 정신의 문제에 대해 통합적 접근을 한다는 점에 그 특성이 있다.

(4) 사별가족 관리

사별가족 관리는 환자가 사망한 후 그 가족의 구조와 역할이 변화됨으로써 야기되는 여
러 가지 문제를 해결 또는 완화시키며, 사별 후 변화에 대한 대처능력을 향상시켜 성공적으
로 적응을 함으로써 건강하고 충만한 삶을 유지하도록 지원하는 실천방법이다.

사별가족 관리 목적은 다음과 같다.

① 사별로 인한 충격 완화

② 사별로 인한 슬픔의 과정 극복

③ 일상생활과 사회에 잘 적응할 때까지 지속적인 도움

④ 위기와 질병을 예방하여 더 나아가 변화된 삶, 성숙한 삶을 살아가도록 돕는 것

⑤ 슬픔을 딛고 사회에 적응토록 유도

⑥ 가족들을 질병으로부터 도와주기 위한 것

한 가정에서 사랑하는 가족 중에 어떤 사람을 잃는다는 것은 매우 큰 변화이며 충격이다.
이런 변화는 한 사람의 죽음이라는 것에서 끝나는 것이 아니라 가족과 가정의 정서적 변화

또는 사회경제적 문제, 심할 경우에는 가정의 붕괴까지도 이를 수 있다는 것이다.

그리하여 호스피스 사회복지사가 특히 고려해야 할 사별가족의 사회경제적 특성은 다음과 같다.

① 교육이나 재정적 원천, 직업적 기술의 결여 등은 사별가족의 스트레스를 가중시킨다.

② 사별가족들은 자신들이 요구하는 일과 건강을 관리함에 있어 사별 후에 자신들을 재충전하고 유지하기 위한 자신들의 능력과 부적절한 타협을 하게 된다.

③ 사별가족은 환자의 장기간 투병으로 인한 비용 때문에 사별 후 더 낮은 생활수준에 직면하게 될 때 특히 문제시되는데, 이는 두 번째 상실의 중요한 예이다.

호스피스 사회복지사는 임종환자의 사별가족이 안정감과 용기를 갖도록 지지적인 상담치료를 제공함으로써 정서적 평형을 유도한다. 또한 가족구성원 자신의 능력의 과소평가로 인한 의욕상실 등의 문제는 집단사회사업지도의 방법을 통하여 성취감과 자신감을 느낄 수 있도록 지원하여 주는 한편 가족치료기법으로 가정의 항상성을 유지하여 건실하게 생활할 수 있게 하기도 한다. 사별가족 관리는 환자가 사망하기 전부터 시작되며 수동적인 프로그램이 아니라 적극적으로 나서서 성취해야 할 과제로서 받아들이는 자세가 필요하다.

2) 간접적 개입

(1) 팀 서원으로서의 접근과 협의 진단

이 개입방법은 호스피스 대상자와 관련된 심리사회적 신체적, 경제적 문제에 관해 치료팀에게 정보를 제공하고 조언하며 환자를 전인적으로 이해하도록 지원한다. 또한 가족, 가정환경과 질병과 관련된 사회 경제적 지원이나 환자의 요구 등을 파악하여 잠재적인 문제를 평가하여 환자와 가족들이 호스피스에 잘 협조할 수 있도록 지도하는 것이다.

의료사회복지사는 호스피스 팀의 일원으로서 팀과 전인적 이론의 기초는 물론 특정 가족의 사정과 평가 자료를 제공하며, 퇴원하거나 사망한 환자에 관하여 토론회에 참석하고, 호스피스 팀 구성원의 감정을 지지하거나 심리적 괴로움을 극복하도록 지원하기 위하여 지지요법을 사용하기도 한다.

(2) 서비스의 통합 · 조정

　의료사회복지사는 호스피스 팀 구성원들을 조정하고, 팀 성원 간의 역할 중재와 팀 서비스의 통합을 통해 호스피스 활동상의 시행착오를 최소화하고 서비스의 효율성을 강화하기 위한 노력을 한다.

3) 기타 확대 활동

① 통합적 서비스와 관련된 행정
② 호스피스 대상자와 그 가족의 포괄적이며 종합적인 관리를 위한 사회정책의 개발과 발전에 기여
③ 호스피스에 대한 사회적 관심을 고조시키는 활동
④ 호스피스에 관심이 있는 사람들에 대한 교육 프로그램 개발 및 효과적인 훈련에의 직접 참여 이와 관련된 학문연구, 조사활동, 보수교육 등

〈호스피스 사회복지사의 역할〉

영역	항목	하위항목
간접적 개입 관련업무	팀 활동	호스피스 팀 회의 참석
		호스피스 팀 내 정보제공과 의뢰
	자원봉사자 관리	전문, 비전문 자원봉사자 관리
		호스피스 자원봉사자 교육
		호스피스 자원봉사자 조정
직접적 개입 관련업무	상담	개별상담
		집단상담
		가족상담
	사정	환자, 가족의 사회자원 사정
		환자, 가족의 심리사회적 사정
	사별관리	임종 준비
		장례 준비 돕기
		상실의 고통 극복에 대한 상담
	퇴원계획	퇴원계획 상담

직접적 개입 관련업무	지역사회자원 사정	지역사회자원 사정
		사회지원체계 동원과 연결
		지역사회자원 동원과 연결
		법적, 보험관계 등 문제 해결
확대업무	팀 활동	직원대상 호스피스 교육 참여
		팀 내에서의 상담, 자문
		팀원 재충전을 위한 프로그램 제공
	기록	업무기록과 보관
	대외활동	호스피스 운영을 위한 기금조성
		호스피스 사업의 확대를 위해 전문가와 대중에게 홍보
		대중을 교육
	연구	정책입안적 참여와 연구
		임상적 연구, 조사
		자료발간

참고문헌

가톨릭대학교호스피스교육연구소(2006), 『호스피스 완화간호』, 군자출판사.
김분한(2007), 『일반인을 위한 호스피스 교육』. 퍼시픽출판사
노유자·한성숙·안성희·김춘길(1994), 『호스피스와 죽음』, 현문사, pp.121~126.
이광재(2003), 『호스피스 사회사업』.
최복희(2002), 「호스피스 팀워크 접근에 있어서의 사회복지사의 역할한계에 관한 연구」.
임향숙(2000), 「우리나라 호스피스 social worker의 역할에 관한 연구」.
정푸름(2003), 「병원 내 호스피스 팀에서 의료사회복지사 역할에 관한 연구」.
한국호스피스협회(2010), 『호스피스 총론』.

PART 03

호스피스와 임종

호스피스와 임종

호스피스는 임종환자를 돌보는 간호활동을 일컫는 말이다.

호스피스를 이해하기에 앞서 죽음을 이해하려는 노력은 임종자를 돌보는 데 있어 매우 중요하며, 죽음을 이해하는 것은 삶을 위해서뿐만 아니라 죽음을 맞이하는 준비를 위해서도 중요하다. 더구나 죽어 가는 이를 돌보는 소명을 지닌 이들은 자신을 위해서는 물론 임종자의 평안한 죽음을 도와주기 위해서도 죽음에 대한 보다 깊은 이해가 절실히 요구된다 하겠다.

1. 죽음에 대한 이해

생명활동이 정지되어 원상태로 돌이킬 수 없는 상태. 삶 또는 생명과 대비되는 개념으로, 의학·생물학·철학·종교·법률학·심리학 등 여러 관점에서 해석된다.

죽음이 무엇인가에 대한 대답은 그리 쉬운 것은 아니며, 어떤 측면에서 죽음을 보느냐에 따라서 여러 가지로 달라진다. 죽음에 대한 견해를 보면, 의사는 인간의 신체를, 법률가는 죽음 사람과 그의 가족과 사회와의 연관성을 다루며, 신학자는 신의 소관으로 간주한다.

죽음의 유형에는 신체적 죽음, 심리적 죽음, 사회적 죽음과 영적 죽음이 있고, 평안한 죽음과 편안치 못한 죽음이 있으며, 긍정적인 죽음과 부정적인 죽음이 있고, 죽음의 원인으로 볼 때는 자연사, 병사, 돌연사 등이 있다.

－죽음의 의미

1. 삶의 의미를 파괴시키는 부조리한 죽음과 의미 있는 죽음
2. 아름답고 평온한 죽음과 추하고 무서운 죽음
3. 소멸로서의 죽음과 전환으로서의 죽음
4. 벌로서의 죽음과 보상으로서의 죽음

2. 죽음에 대한 태도

1) 사회문화적 태도

(1) 죽음의 수용

원시사회, 반기술적 사회는 죽음을 불가피한 일로, 삶의 자연스러운 순환으로 간주하고 그들 매일의 삶의 형태와 생은 부수적인 행동과 연결되어 있으며 죽음과 통합을 이룸.

(2) 죽음의 도전

고대 이집트인들의 사회: 죽음 후의 생을 위해 피라미드를 만들고 미라를 만듦으로써 죽음 자체가 그들을 빼앗아 가는 것이 아니라 그들이 죽음을 정복하는 것으로 생각했음.

(3) 죽음의 부정

현대의 기술문명이 발달한 사회: 죽음과 대면하기를 거절. 죽음극복을 위한 리프톤의 연구－죽음에 대한 현대인들의 태도에 영향을 미치는 현상에 대하여 언급

① 도시화 현상: 자연, 죽음의 순환 과정에서 멀어져 간다.
② 죽음이 가까운 이들과 노인들로부터의 격리 현상: 이런 이들이 점점 양로원이나 병원으로 모이게 되어 더욱 죽음과 분리된다.

③ 핵가족 경향: 대가족이 사라지면서 노인들과 동떨어지게 되고 가까운 이들의 죽음을 볼 수 있는 기회가 줄어들었다.

④ 종교로부터의 세속화: 내세를 강조하여 신체적 죽음의 충격을 최소한으로 줄였고, 죽음에 특별한 의미와 목적을 부여했으며, 영원에 대한 기대를 제시했다.

⑤ 의학 기술의 발달: 의학의 발달은 우리에게 조절능력을 더해 준다. 죽음에서 의미를 끌어내는 사고체계가 덜 필요하게 되었고 한편 안락사, 뇌사, 유전공학 등의 윤리문제가 대두되었다.

⑥ 대량죽음: 과거에는 개인이 자신의 죽음을 생각할 때 죽음은 어느 정도 중요한 의미를 부여했다. 그러나 현대의 기술 발달로 인한 핵폭탄의 위협이나 여러 원인으로서의 대량 죽음에게 위협을 받는 것이 현실이므로 죽음의 의미가 결핍되었다. 따라서 죽은 후 무엇을 남긴다는 것도 의미가 없게 되어 죽음에 대한 감각이 무디어지게 되었다.

3. 종교, 철학별 죽음관

1) 종교별 죽음관

(1) 불교의 죽음관

불교에서는 죽음을 인간으로서는 피할 수 없는 현실로 보았다. 이 현실의 냉혹한 자각을 통해 죽음이라는 실상을 초연하는 보다 높은 차원의 진실을 체득함으로써 현실적 죽음의 문제가 극복된다는 것이 붓다의 입장이었다.

그래서 이 극복을 통해 자유로움을 추구하는 것이 불교 전반의 목표라고 할 수 있다. 불교에서 문제가 되는 것은 사후(死後)의 존재가 아니라, 죽음에 대한 새로운 차원의 인식이었다. 즉 삶에도 번민하지 않고 죽음에도 번민하지 않는, 생명에 대한 추구였다. 말하자면 삶과 죽음을 초월하여 업과 윤회를 벗어난 경지로서 번뇌를 꺼 버린다는 원의를 지닌 열반이다. 죽음에 대한 불교의 입장을 바르게 이해하는 것은 불교의 궁극적 인식인 '생사즉열반(生死卽涅槃)'을 바르게 이해할 수 있는 하나의 방도가 된다.

불교에서의 죽음의 문제는 마음의 문제로 귀결되며 마음의 문제는 궁극적으로 무심(無心)의 상태, 즉 적정(寂靜)이며 열반의 상태에 도달할 수 있을 때 해결된다.

(2) 그리스도교인의 죽음관

죽음과 관련된 그리스도교 사상은 우선 구약성서를 통해서 그 기원을 알 수 있다. 구약의 창세기부터 시편 이후까지는 죽음의 보편성과 아울러 연관된 인생의 허무함을 제시하고 있다. 그러나 구약은 죽음의 보편성에서 다시 새로운 죽음의 의미를 부여하여 죽음과 죄는 인과관계가 있는 것으로 본다. 하느님은 인간을 불사, 불멸하도록 창조하였으며, 인간은 죽음을 면제받을 소지를 지니고 창조되었다.

그러나 인류의 원조 아담과 하와가 하나님께 순종치 않음으로써 죽음이 이 세상에 들어왔으며 죄로 인해 '죽음'이라는 벌을 받게 된 것으로 믿는다. 신약에서의 죽음관은 예수와 죽음의 관계를 통해서 이해하지 않을 수 없다. 인간의 조건으로는 감수해 낼 수 없는 고통스러운 최악의 죽음을 완전히 극복함으로써, 벌 받은 인간의 죽음을 영원한 생명으로 구원하였고, 그리스도가 죽은 후, 3일 만에 부활하였듯이 모든 인류도 이 세상의 종말에는 모두 부활하고 영혼과 육신이 결합되어 천국에서 영생을 누리게 된다고 본다. 그리스도교에 있어서 죽음은 하나의 위기인 동시에 사건으로 받아들여지기는 하지만, 생물학적 죽음을 하찮은 일로 경시하고, 부활 사상에 중심을 두어 죽음을 새로운 존재로 이끌어 주는 영생을 위한 '희망'의 시작으로 보고 있다.

(3) 힌두교의 죽음관

힌두교 인들은 영혼의 전이와 카르마(Karma)를 믿는다. 그들은 사람이 선한 행위를 하든, 악한 행위를 하든 그 대가를 내세에서 반드시 받는다고 믿고 있다. 모든 인간의 행위는 다 카르마의 결과이고 우리는 그것으로부터 벗어날 수 없다고 한다.

전이란 사망 시에 영혼이 다른 생명으로 옮겨가는 것을 말한다. 힌두교에서는 인간이 한 생에서 다른 생으로 끊임없이 전이되는 영혼을 지닌, 끝이 없는 세속적 삶의 연속으로 살아야 되는 존재로 본다. 따라서 모든 종교적 물음들은 이 끊임없는 삶으로부터 벗어나는 길을 제시해 주는 데 중점을 두고 있다.

카르마란 기본적으로 행위, 그 자체를 의미하나 나중에는 그 행위의 결과까지도 의미하게 되었다. 따라서 어느 한 사람의 이생에서의 행복이나 고통은 전생의 행위의 결과에서 오는 셈이 된다.

(4) 유교, 도교의 죽음관

(가) 유교의 죽음관

공자의 제자인 계로가 공자에게 "죽음이 무엇입니까?"라고 물으니 공자가 대답하기를 "태어나는 것도 모르는데 어찌 죽음을 알리오"라고 하였다. 이처럼 중국의 유교는 내세관을 갖고 있지 않기 때문에 죽음관도 확실하지 않다. 그러나 공자도 경천 신앙을 가지고 있었다. 유가는 죽음 자체의 의미나 죽어서 시작하는 또 다른 세계에 대해서는 관심이 없고, 삶과 죽음을 대자연의 법칙에 의한 신귀과정으로 봄으로써 형이상학적 문제로 돌렸다. 그러므로 그들은 삶과 죽음 때문에 앞뒤로 연장될 수 있는 상념을 처음부터 단념하고 거의 일회적인 인생 자체에 몰두하게 되었다. 공자가 한 것처럼 귀신과 죽음의 질문을 뿌리치면서 사람과 삶에의 정열적 관심과 사랑을 나타낸 것이 유가였다. 죽음은 인생을 시작해서 엮어 가다가 마치는 엄숙한 과정이라는 것이다.

이것은 이미 생사에 대한 생물학적 또는 종교적 관심에서 벗어나서 자기 책임 아래 인생을 엮어 간다는 자율의 도덕적 관심으로 정착된 것이다.

(나) 도교의 죽음관

도교는 중국 고대의 민간 신앙을 바탕으로 삼는 신선설(神仙說)을 중심으로 불로장생을 주목적으로 하는 현세 이익적인 자연종교라고 할 수 있다. 이처럼 도교는 죽음을 문제시하지 않고 죽음을 단지 자연 변화의 일부로서 도(道)에 의하여 지배되는 것으로 이해했다. 장자의 도교적 입장의 죽음관은 특이하다. 그는 죽음에 대하여 다음과 같은 말을 남겼다고 한다.

"삶은 죽음의 동반자요, 죽음은 삶의 시작이니, 어느 것이 근본임을 누가 알랴? 삶이란 기운(氣運)의 모임이고 기운이 모이면 태어나고 기운이 흩어지면 죽는 것인데 이같이 사(死)와 생(生)이 같은 짝을 만나면 무엇을 조심하랴. 내 생애를 잘 지냈으면 죽음 또한 의연하게 맞

이해야 한다."

(5) 증산도의 죽음관

증산사상의 사후문제와 관련하여 김홍철 교수는 다음과 같이 집약하고 있다.

첫째로 천상, 지상, 인간계로 나누어지는 삼계는 상호 불가분의 관계로 연결되어 있으며, 둘째로 죽은 이는 생존 시의 수도력과 영력에 따라 사후에 명부 천상에서 그에 상응한 위치를 점하고 수도를 게을리 한 영은 소멸되어 버린다. 셋째로 영력을 키운 사람은 육체의 죽음을 넘어 선화 영생하고, 넷째로 신명 계와 인간계의 조화를 통한 선경을 제시함으로 종교적 승화를 시도하였으며, 문제점으로는 천지공사로 신명계와 인간계의 모든 원한을 해소하고 조화정부를 건설하였는데 아직도 지원지통을 품고 계속 죽어 가는 사람들의 영혼은 어떻게 되는지에 대한 해석이 분명치 않고, 또 하나는 생 이전에 인간이 어디에서 오는지를 명확히 밝히지 않고 다만 삼생의 인연과 조상신들이 상제에게서 후손을 타내는 것으로만 묘사되는 아쉬움을 지적하고 있다.

(6) 무속에서의 죽음관

우리의 옛 풍습에서는 육체에서 영혼이 떠나 버리면 정말 죽은 것이고, 그 영혼이 다시 그 육체 속으로 돌아오면 살아난다고 생각한다. 한 인간이 호흡을 멈추면 그 사람이 입던 옷을 가지고 지붕 한가운데로 가서 북쪽을 바라보며 그 사람의 이름을 세 번 길게 부른다. 죽은 사람의 이름을 부르는 것은 이 혼이 다시 몸에 합하도록 하는 것이다. 이것을 고복(皐復) 혹은 초혼(招魂)이라고 하며 이렇게 해도 살아나지 않으면 그때에야 비로소 '죽음'으로 규정한다.

한국인의 영혼관은 두 가지로 구분하는데 하나는 사람이 죽은 후 저승으로 가는 사령(死靈)이고, 다른 하나는 살아 있는 사람의 몸에 깃들여 있는 생령(生靈)이다.

이와 같이 무교에서는 영혼을 평안히 모셔서 저승으로 잘 가게 하는 데 특색이 있다. 한국인은 영혼에 대한 모습과 성격 규정을 살아 있는 사람과 동일하게 인격적으로 대우한다. 죽음을 '돌아가셨다'라고 하는 것도 이 세상에서 살다가 늙어 수명이 다하면 저 세상으로

'돌아가서 살게 된다'는 한국인의 생사관의 반영이다.

(7) 천도교에서의 죽음의 의미

인간은 어떠한 경우에도 수단으로 이용될 수 없으며 모든 사상과 제도의 기저에는 인간 존엄이 내포되어야 한다는 것이 동학의 기본 관념이다. 이러한 관점에서 보면 동학에서의 신과 전통신앙에서의 신은 사뭇 다름을 알 수 있다. "사람을 공경치 아니하고 귀신을 공경하여 무슨 실효가 있겠느냐," "어리석은 풍속에 귀신을 공경할 줄은 알되 사람은 천대하나니, 이것은 죽은 부모의 혼은 공경하되 산 부모는 천대함과 같으니라"고 하여 전통신앙에 대한 파격적인 사고를 엿볼 수 있다.

이와 같이 동학에서는 잘 알지도 못하는 사후의 세계에 대한 인간의 공포심을 이용하여 신앙을 끌어내기보다는 눈앞에 전개되고 있는 생명의 현실을 직시하고 있다.

천도교에서는 사람이 죽으면 환원(還元)이라고 표현한다. 우리가 흔히 말하는 '돌아가셨다'는 뜻이다. 이것은 사람의 영혼이 원래 있던 그 자리로 돌아갔다는 의미이다. 인간의 존재는 몇 십 년 살다가 가는 허무한 존재가 아니라 영원히 산다는 장생불사의 관념을 갖고 있다. 유형한 육신에 집착하므로 죽음의 공포에서 벗어날 수 없다고 보는 것이다.

장생의 진리, 우주의 심법, 천인과 합일하여 죽으면 영원한 자유극락을 누리게 된다는 것이다. 해월신사법설 향아설위(向我設位)에 다음과 같이 나타난다.

"나의 부모는 첫 조상으로부터 몇 만대에 이르도록 혈기를 계승하여 나에게 이른 것이요, 또 부모의 심령은 한울님으로부터 몇 만대를 이어 나에게 이른 것이니 부모가 죽은 뒤에도 혈기는 나에게 남아 있는 것이요, 심령과 정신도 나에게 남아 있는 것……"

이와 같이 심령과 정신은 한울님으로부터 몇 만대를 이어 남아 있게 된다는 것이다.

생시에 도를 닦아 진리를 깨달으면 사후에 가족과 후학들의 심령에 융합되고 한울님 성령과 더불어 영원히 장생하므로 삶과 죽음은 성령으로 보아 곧 하나라는 것이다. 이를 영적 장생 또는 성령 장생이라고 하여 인간은 죽지 않고 영원히 존속하는 것으로 되어 있다.

(8) 원불교의 죽음관 - 변(變)과 불변(不變)으로 보는 죽음

원불교에서는 죽음을 새로운 시작이며 또한 평시에 미리 미리 준비해야 하는 것으로 삼고 있다. 그러면서 결국 가장 중요한 것은 생활 속에서 착심을 녹여야 하는 것이다. 이러한 사상을 저변에 두고 원불교적 죽음관의 특성을 찾아보면 죽음을 변과 불변으로 보는 관점이다.

사람의 생사는 숨을 들이쉬고 내쉬는 것과도 같고, 잠이 들었다 깼다 하는 것과도 같으며 그 조만의 차이는 있을지언정 이치는 같은 바로서 생사가 원래 둘이 아니요 생멸이 원래 없는지라, 깨친 사람은 이를 변화로 알고 깨치지 못한 사람은 이를 생사라고 표현한다.

이와 같이 죽음과 삶의 가치를 동일하게 부여함은 변과 불변의 원리가 동등하게 인정되는 것과 함께한다. 그러므로 죽음은 삶의 근본이 되고, 삶은 죽음의 근본이 되는 것이다. 다시 말해서 죽음은 삶에서 비롯되기도 하고, 삶은 죽음에서 비롯되기도 한다.

인간을 비롯한 만유는 끊임없이 변화활동을 계속하고 있다. 그러나 변화하는 속에도 절대로 변하지 않는 원리가 있으니 불변의 측면에서 보면 불생불멸인 것이다. 이 원리는 현대 자연과학에서 말하는 질량보존의 법칙이기도 하다. 모든 물질이 화학반응에 의하여 기존의 물질이 없어지고 새 물질이 생겨날 때 그들 반응에 관계된 모든 물질의 질량의 총합은 항상 불변한다는 원리이다.

일원상의 진리적 측면에서 보면 인간의 죽음은 사실상 존재하지 않는다. 죽음이란 육신의 변화 소멸이지 정신적인 인간은 영원히 존재하게 된다. 이 세상에 존재하는 모든 것은 영원히 변하지 않고 실존하고 있다. 죽음이란 다만 육신을 가지고 나타나는 현실과 육신이 사라지는 생명과 육신의 분리현상일 뿐이다. 죽음이 두려워 죽음을 간과한다면 삶을 황폐하게 만들 뿐이다.

2) 철학별 죽음관

(1) 죽음에 대한 철학적 문제

첫째, 인간이 육체와 정신과 영혼으로 구성된 삼원적 존재라고 한다면 과연 죽음은 무엇인가에 대한 문제

둘째, 죽음 이후의 인간의 운명을 중점적으로 취급하는 것, 즉 현세적 삶에 얽힌 문제들

셋째, 인식의 문제이다. 죽음에 대한 인식 중에서 가장 복잡한 철학적 문제로는 '나는 과연 나의 죽음을 알 수 있느냐'는 것이다.

넷째, 죽음의 공포에 대한 문제인데 5가지의 견해가 있다.

① 죽음에 대한 공포는 죽음이 괴로울 것이라는 가정에 근거를 두고 있으나 죽음 그 자체는 절대로 괴로움이 될 수 없다(에피쿠로스).

② 죽음의 공포를 극복하려면 죽음을 항상 염두에 두고 살아야 한다(스토아학파).

③ 인간은 절대로 죽음을 정확히 알거나 직시할 수 없다(스피노자).

④ 행복한 삶은 행복한 죽음을 가져온다(미상).

⑤ 죽음 자체에 아무런 의미를 부여할 필요가 없다(쇼펜하우어).

다섯째, 철학은 또한 죽음을 맞이하는 사람의 심리적 변화 및 살아남은 사람들의 심리현상에 관심을 가지고 있다.

4. 호스피스의 철학

1) 호스피스는 말기환자와 임종환자 그리고 그 가족을 돌보고 지지한다.

환자가 죽음의 과정을 겪는 동안 가족도 함께 그 모든 과정을 겪으며 아픔을 함께하게 되므로 가족에게 예측되는 상실과 슬픔을 준비할 수 있도록 도와야 한다.

즉, 호스피스 간호의 단위는 환자와 그 가족이다.

2) 그들의 남은 생을 가능한 한 편안하게 하고 충만된 삶을 살도록 도와야 한다.

임종자의 질적인 삶의 유지란 가능한 한 진실하고 참된 삶의 유지와 더불어 삶을 고맙게 생각하고 남은 삶의 의미를 생각하도록 하는 것이다.

3) 삶을 긍정적으로 받아들이며 죽음을 삶의 자연스런 일부분으로 받아들인다.

즉, 죽음을 삶의 일부분으로 받아들이며 죽음에 대한 두려움에서 해방될 수 있도록 한다.

4) 호스피스는 삶을 연장시키거나 단축시키지 않으며 남은 생을 충만하고 풍요로운 것이 되도록 하는 것이다(히포크라테스 선서에도 의사들은 '건강의 신'에게 약속하는 것이지 '생명의 신'에게 하는 것이 아니다).

5) 호스피스는 환자와 가족의 요구에 부응하도록 가능한 모든 자원을 이용하여 신체적, 사회적, 심리적, 영적 요구를 충족시키며 지지하여 죽음을 준비하도록 돕는다.
    따라서 호스피스 간호는 전문직 팀과 비전문직 요원에 의한 공동의 활동으로 이루어진다.

5. 죽음의 단계 이론과 그에 따른 호스피스 활동

1) 퀴블러 로스의 5단계

(1) 부정(Denial)

임종에 가까운 대부분의 환자가 경험하는 첫 단계는 부정으로, 환자들이 자신의 병이 치유될 수 없는 것임을 알게 될 때 나타나는 현상이다. 부정은 환자의 언어나 행동에 의해 나타난다. 즉 "아니야, 난 믿을 수 없어, 나에게는 그러한 일이 일어날 수 없어."라는 표현을 흔히 하게 되고 환자는 진단을 잘못 내렸다는 생각과 좀 더 나은 진단이 내려지기를 바라는 마음에서 여러 의사와 여러 병원을 찾아다니게 되며 환자는 검사 결과가 다른 사람의 것과 바뀌지 않았나 생각하기도 한다.

부정의 단계에서 부정을 표현하는 환자의 말과 행동의 몇 가지 예는 다음과 같다.
① 다른 사람의 일인 것처럼 심각하지 않게 증상을 이야기한다.
② 죽음에 대해 전혀 이야기하지 않으며 죽음에 대한 말이 나오면 즉시 말을 돌린다.
③ 공개적으로 "나는 그것을 믿지 않는다."라고 말한다.
④ 비의학적 치료법이나 신을 통해 치유받고자 노력한다.
⑤ 자신의 질병이나 증상에 대해 질문하지 않는다.
⑥ 증상이 자연히 없어지기를 기대하면서 치료를 거부한다.

⑦ 신체나 외모의 급작스러운 변화를 인정하려 하지 않는다.

⑧ 질병을 가벼운 것으로 이야기한다.

⑨ 아직 죽을 수 없는 이유를 설명한다.

⑩ 어떤 병인지 알지만 자신은 꼭 회복될 것이라고 확언한다.

▶ 먼저 간호사는 환자가 부정의 단계에 있다는 사실을 알아야 하고, 환자에게는 부정할 시간적 여유가 있어야 함을 이해해야 한다. 어느 정도 시간이 경과한 다음 환자가 사실을 직면할 준비가 되어 있다고 생각했을 때 환자로 하여금 자신의 병에 대해서 좀 더 현실적인 견해를 갖도록 도와주어야 한다. 만일 환자가 그의 임박한 죽음에 관해서 누군가와 대화를 할 수 있다면 고통이 조금이나마 덜어질 것이다.

(2) 분노(Anger)

환자는 "하필이면 내가"라고 말하면서 자기 자신에게나, 사랑하는 사람에게 혹은 병원 직원에게 또는 신에게까지 분노를 직접적으로 표현한다. 이 분노의 단계는 가족들이나 직원들이 극복하기가 매우 어렵다. 그 이유는 분노가 수시로 바뀌고 감정을 주위 환경에 전가시키기 때문이다. 가족에게나 간호사에게 자주 불만을 터뜨리며 의사에게도 불만이 많다.

▶ 환자의 가까이에 있는 사람(가족이나 간호사)은 무엇을 하든지 간에 더 자주 환자의 분노의 대상이 된다. 이러한 경우 간호사는 환자가 왜 그러한 행동을 하는지 이해하려고 노력해야 한다. 환자의 이러한 태도는 주위의 건강한 사람들의 건강을 질투하는 것이며 일찍 죽지 않아도 되는 사람들에 대하여 분노를 느끼는 것이다. 환자는 자신은 곧 죽게되고 사람들이 자기를 잊을 것이라는 사실을 받아들이기 힘들기 때문에 목소리를 높이고 불평을 하며 주위로부터 관심을 끌려고 노력한다. 이때 간호사나 의료진이 환자의 분노의 원인을 생각하지 않고 사적인 일로 받아들이며 분노에 반응을 보인다면 환자는 더 심한 분노를 일으킬 것이며 환자의 적대적 행동은 심해질 것이다. 만일 간호사나 가족이 환자로 하여금 그의 분노를 표현하도록 한다면 환자는 편안하고 목적 없이 간호사를 자주 부르거나 괴롭히지 않을 것이다. 환자가 존경과 이해와 관심을 받으며 그

를 위해 충분한 시간을 할애한다는 것을 알면 그의 목청은 한결 낮아지고 성난 요구도 훨씬 줄어들게 되며 자신이 아직도 가치 있는 인간, 보살핌을 받는 사람, 할 수 있는 데 까지는 활동이 허락된 인간임을 알게 될 것이다.

(3) 타협(Bargaining)

첫 단계에서는 슬픈 현실을 대면할 수가 없고, 둘째 단계에서는 사람들과 신에게 노골적으로 분노를 표현하고 나면, 환자는 타협을 시도한다. 그래서 불가피한 사실을 어떻게든 연기하려는 시도를 하게 된다.

과거의 경험으로 미루어 착실한 행동을 보이고 특별한 헌신을 하기로 맹세함으로써 그 보상을 받을 수 있다고 생각하며 그의 소망은 생명을 연장하는 것, 며칠이라도 좋으니 통증이나 신체적 불편 없이 보냈으면 하는 것이다.

타협은 대개가 절대자와 하는 타협들이다. 그래서 그 언약은 비밀로 붙여지거나 다른 말속에 언뜻 비치거나 원목실에서 사사로이 말하거나 한다.

자기 몸의 일부나 전체를 의학 발전을 위해 기증하겠다고 언약하는 환자들도 있다.

▶심리학적으로 언약이라는 것은 죄의식과 관계가 있다고 한다. 따라서 의료진은 환자의 행동이 미성숙하며 어린아이 같고 환상에 젖어 있으며 어른으로서는 적당한 행동이 아니라고 생각하여 환자의 소망을 묵살해 버리는 경우가 있는데 간호사는 이러한 행동이 정상적이며 환자가 다음 단계를 위해 준비하는 것임을 기억해야 한다.

(4) 우울(Depression)

회복의 가망성이 없는 환자가 자기의 병을 더 이상 부인하지 못하게 될 때, 증상이 더 뚜렷해지고 몸이 현저하게 쇠약해질 때, 환자는 더 이상 웃어넘기지 못하게 된다. 초연한 자세와 무감동, 분노와 격정은 머지않아 극도의 상실감으로 바뀌며 심한 우울증에 빠진다.

이 단계에는 두 가지 종류의 우울증이 있는데, 그 하나는 반작용적인 우울증이라 부르며, 이것은 과거나 현재의 손상과 관계된다. 환자는 부모 없이 남게 될 아이들에 관하여, 또는 막중한 경제적 부담을 지게 될 가족에 대한 걱정을 한다. 또 다른 우울증은 그가 사랑했던 모든 사람과 물건, 그 자신과 그에게 중요했던 모든 것의 손실과 관련이 되었을 때 일어나는 예비적 우울증이며, 이 단계에서 환자는 아주 조용히 있기도 하고 울기도 한다.

▶이 시기에는 환자가 슬픔에 젖도록 놓아두어야 하며 그가 감정을 표현할 기회를 필요로 할 때 옆에 가만히 앉아 있거나 혹은 이야기를 하며 조용히 귀담아 들어 주고 부드럽게 대해 주는 것이 좋다. 이러한 우울증에 빠질 때 환자는 별로 대화를 원하지 않으며 환자는 자기와 같이 느끼고 슬퍼하며 자기 옆에 있어 줄 사람을 필요로 한다.

(5) 수용(Acceptance)

환자가 시간의 여유가 있으면, 또한 앞서 기술한 과정을 거치면서 도움을 받았다면, 그는 자기 '운명'을 두고 분노하거나 우울해하지 않는 다음 단계에 들어간다. 그는 이전에 자기 심중을 거쳐 간 감정들을 털어놓을 여유가 생기는 것입니다. 산 사람과 건강한 사람에 대한 질투와 분노를 이야기할 것이고 머지않아 자기는 귀하게 여기는 사람들과 정든 곳을 잃게 되리라고 한탄할 것이며 또 어떤 기대를 가지고 다가오는 미래를 바라볼 것이다. 환자는 대개 극도로 지치고 쇠약해지며 감정의 공백기를 가진다.

수용을 행복한 감정의 단계라고 생각해서는 안 된다. 고통이 지나가고 몸부림이 끝나면, "머나먼 여정을 떠나기 전에 취하는 마지막 휴식"의 시간이 오는 것이다.

▶임종환자가 일종의 평안과 수용의 단계로 들어감에 따라 그의 관심의 세계는 점점 좁아진다. 그로 인해 환자는 혼자 있고 싶어 하고 때로는 문병객을 반기지 않으며, 사람이 방문을 해도 이야기를 나눌 기분이 아닐 때가 많다. 의사소통은 언어보다도 무언의 대화로 바뀐다. 임종하는 사람을 앞에 두고도 침착할 줄 아는 사람에게는 이 침묵의 순간이야말로 가장 뜻깊은 의사소통이 이루어지는 순간이기도 하다. 죽어 가는 사람의 느낌을 수용할 때 환자와의 의사소통에 놀라운 영향력을 미치게 된다. 뿐만 아니라 버림받지 않았다는 확신에서 큰 위로를 받게 되며 동시에 자신은 사랑받고 있으며 값있고 소중한 존재임을 인식하게 된다. 이 시기는 환자 못지않게 가족이 도움과 이해와 격려를

필요로 한다. "나는 지금 무엇을 할 수 있을까." 하는 물음에 실제적인 환자의 임종 준비에 대해 알려 주고 사랑하는 사람의 죽음을 받아들여야 하는 가족의 상실감을 포용해 주어야 한다.

2) 린드만의 3단계

① 쇼크나 불신으로 상실의 수용에 대한 무능력 또는 상실이 일어난 것에 대한 절대적인 부정이다.
② 애통의 단계로서 상실을 수용하는 것, 일상생활에 대한 흥미의 상실, 눈물, 외로움, 불면증 등으로 특징지어진다. 상실된 것에 대한 강한 집착이 있다.
③ 슬픔과정에서의 해결, 점진적으로 일상생활로 나아가는 것. 상실자에 대한 이미지가 감소된다.

3) 볼비의 3가지 측면

① 반항으로 분노, 그리움, 눈물로 표현
② 혼란으로서 실의와 우울
③ 재정립으로 상실한 것에 대한 애착을 끊으며 새로운 사람과 관계를 다시 형성

4) 카바나흐의 7단계

① 쇼크
② 혼란
③ 들뜬 감정(분노, 공격)
④ 죄의식
⑤ 상실과 외로움
⑥ 경감
⑦ 재회복

5) 단계이론들의 3가지 커다란 범주

① 회피: 쇼크, 부정, 불신
② 대면: 슬픔, 상실에 대한 정서적 반응
③ 재회복: 점차적으로 슬픔에서 일상의 상태로 돌아감.

6. 죽음에 대한 반응과 그에 따른 호스피스 간호

죽음에 대한 태도와 반응은 다른 모든 태도나 느낌처럼 개인에 따라 다르며 비록 비슷한 삶의 배경을 가진 자라도 서로 매우 다를 수 있다.

1) 두려움

(1) 미지에 대한 두려움

임종환자는 가까운 장래에 죽는다는 두려움과 공포를 갖게 된다. 죽음에 대한 무지 (unknown of death)는 다음과 같은 두려움을 가져온다.
① 삶의 과정에서 어떤 것을 할 수 없을까?
② 이 세상 삶 후에는 어떤 운명이 될 것인가?
③ 죽은 후의 나의 육체는 어떻게 될 것인가?
④ 남은 가족들은 어떻게 될 것인가?
⑤ 다른 이들이 어떤 반응을 보일 것인가?
⑥ 생의 계획과 목표는 어떻게 되는가?
⑦ 몸에는 어떤 변화가 일어날 것인가?
⑧ 감정의 반응은 어떻게 나타날 것인가?

▶어떤 질문은 즉각적인 대답이 가능할 것이고 어떤 것은 시간을 필요로 한다. 또한 어떤

것은 이 세상에서 대답이 주어지지 않는 것일 수도 있다. 대답이 가능한 것은 해 주는 것이 환자에게 도움이 되며 환자를 무거운 짐에서 부분적으로 해방시킬 수 있고 공포에 대처하고 극복하도록 도울 수 있다.

(2) 외로움에 대한 두려움

외로움과 소외에 대한 두려움은 죽음을 선고받은 환자에게는 가장 큰 두려움이다.

현대에 와서는 많은 죽는 이들이 아픔과 괴로운 환경에 홀로 남게 되고 친밀한 환경(가정)에서 소외되고 병원이란 기관에 머물게 된다. 홀로 투쟁하고, 아픔을 견디고 두려움을 견디어야 한다는 외로움, 고독, 통증은 현대인에게 가장 큰 어려움 중의 하나이기도 하다.

▶불확실한 환경에서는 다른 이의 존재가 환자에게도 위로와 확신과 안정을 준다. 죽음 직전의 환자들이 괴로워하면서 누군가를 필요로 할 때 사랑하는 가족들이 함께해 준다면 가장 큰 위안이 되겠죠.

(3) 가족과 친구의 상실에 대한 두려움

누구나 사랑하는 사람을 잃었을 때 슬프고 두렵지만 죽어 가는 환자는 전부를 다 잃어버려야 하기 때문에 두려움이 더욱 크다고 할 수 있다.

(4) 자기 조절 능력 상실에 대한 두려움

질병이 깊어 감에 따라 자신의 신체나 감정을 조절할 수 없는 점과 타인의 힘을 빌리고 의존해야 하는 신체적인 부담, 정신적인 부담과 경제적인 부담감을 가져야 하며 자기 비하의 느낌과 과정을 경험해야 하는 두려움이다.

▶환자에게 남은 시간 중에도 어느 정도 조정과 조절이 가능함을 납득시키며 스스로 할 수 있는 일을 하도록 격려하여 자아 존중과 자기 결정을 하도록 하고 자기 자신을 필요

이상의 비하에서 헤어 나오도록 해 준다. 또한 환자가 어떤 최악의 상태에 놓여 있더라도 그의 자존심을 생각하고 존중하며 의견을 물어 사소한 것이라도 자기 스스로 할 수 있는 것은 하도록 하는 것이 중요하다.

(5) 육체의 상실과 무력감에 대한 두려움

육체는 자아상의 큰 부분을 차지하기 때문에 질병으로 인한 육체의 상실이나 불구, 기능 저하, 마비 등은 자기 자신의 상실을 의미한다. 이러한 자아상의 무너짐은 부끄러움과 부적절함, 죄의식, 사랑받지 못함, 원하지 않는 자기 자신이라는 느낌을 불러일으킨다.

▶우리는 환자가 자기 상실에 대한 슬픔을 충분히 슬퍼하도록 기회를 주고, 또한 자아 존중감이나 자기 통합의 상실이 일어나지 않도록 지지해야 한다.

(6) 고통과 괴로움에 대한 두려움

괴로움에 짓눌려 소리치며 죽어 가는 것에 대한 두려움은 고통 그 자체이며 이러한 고통이나 통증은 수술 후의 통증과는 다르다. 환자가 통증 후에 완화될 수 있음을 알면 아픔을 덜 느끼게 되지만 죽음의 고통은 완화가 없는 것이다. 즐거운 미래를 기대할 수 없고, 왜 이런 고통 속에서 삶을 지속해야 하는가라는 회의 속에서 살게 된다.

▶따라서 통증 관리는 매우 중요하다. 고통 중에 홀로 남게 되지 않고 통증이 완화될 수 있음을 알면 환자는 훨씬 고통을 잘 견디어 낼 수 있다.

(7) 정체성 상실에 대한 두려움

인간적인 접촉, 관계, 가족, 친구 관계의 상실, 육체의 구조와 기능, 자기 제어, 자신의 정체성을 협박하는 모든 의식의 상실은 그것들이 자기 이미지를 구성하는 요소이기 때문에 두려움을 가져온다.

▶자신의 삶의 부분으로 접촉하던 가족과 친구들과의 관계를 계속 유지해 줌으로 인해 자신을 확인하고 자신의 정체성을 유지해 주며, 죽음은 하나의 과정이고 전 생애에 있어서 한 부분임을 인정하도록 도와준다.

(8) 슬픔에 대한 두려움

임종환자는 미래에 대한 다양한 상실을 슬퍼하게 되는데 여기에는 자기 자신을 잃는 것 이외에도 다음과 같은 극단적인 슬픔을 경험하게 된다.
① 조절 능력의 상실
② 자립의 상실
③ 신체적, 심리적 기능과 사고 능력 상실
④ 중요한 사람과 외적인 것, 익숙한 환경의 상실
⑤ 자기 자신의 어떤 특성과 정체성 상실(자신의 유능함, 사랑스러운 면, 자신의 매력의 가치 상실)
⑥ 의미의 상실, 세상과 그 안의 모든 사람과의 관계 상실, 죽음의 한 과정으로서 상실을 생각할 때, 슬픔을 어떻게 감당할지 그것에 대한 두려움이 큼.

▶죽음을 앞둔 사람에게 기쁨과 즐거움을 체험하도록 하며, 특히 모든 상실이 전부 일어나지 않음을 알려 준다. 또한 예측할 수 있는 슬픔은 받아들이고, 만족감을 즐기며, 성취감을 느끼도록 삶을 조화시킬 필요가 있다.

(9) 퇴행에 대한 두려움

죽음이 가까워짐에 따라 환자는 퇴행에 대한 두려움이 더 현저해진다. 앞에서 언급했듯이 조절 능력 상실에 대한 두려움은 거의 마지막 행동과 관련이 된다. 죽음이 가까워지면서 신체적 능력 저하와 의식의 불명료, 퇴행의 느낌, 현실감의 상실, 자기 자신과 타인과의 구분의 불명료, 시간과 공간의 느낌 상실 등이 환자를 두렵게 하는 것들이다.

▶환자가 편안하게 현실로부터 거리를 유지하며, 자기 자신의 내면으로 돌아가도록 도와주며, 자신의 위축됨과 승복을 인정하고, 심리적 죽음의 신호와 현실적 삶의 충격으로부터 피하도록 해 준다.

(10) 절단과 부패, 매장에 대한 두려움

이러한 두려움은 특별히 죽음의 과정에 포함되지 않으나 임종환자에게 일어날 수 있는 두려움이다. 가령 죽은 후에 육체에 어떤 일이 일어나는가 하는 것이다. 예를 들어, 몸이 매장된 후 벌레들에게 먹히는 두려움 등 죽음과 매장에 관하여 무서운 두려움을 가질 수 있다.

▶이러한 것에 대해 적절한 정보를 제공하고, 의학의 정확성과 조심성을 알려 줄 필요가 있다.

2) 우울, 의기소침

우울은 죽음에 직면한 환자의 또 다른 정서적 반응이다. 임종환자의 슬픔의 한 부분으로서 즉각적인 상실을 인식하는 자연스런 반응이다. 우울은 하나의 기전으로서 사랑하는 것을 모두 잃게 되는 것을 준비하는 데 도움을 주는 것이다.

▶우울은 환자가 자신의 슬픔을 표현하도록 격려하며 허용하는 태도로 환자를 지지해 주면 도울 수 있다.

3) 분노와 적개심

분노와 적개심은 임종환자와 그 가족에게서 볼 수 있다. 다른 모든 이는 미래를 지속할 수 있는데 자신은 미래의 삶을 박탈당한 것이다. 다른 이가 삶을 사는 동안 그는 모든 것을 포기해야 하며 남은 시간 동안에도 아픔으로 괴로워해야 하며 주위 사람들의 생소한 반응으로 자신이 죽는다는 것을 알게 된다. 이러한 시점에서 환자는 "내가 왜?"라는 대답할 수 없는 질문을 하게 된다. 흔히 죽음 직전 불치병의 환자들은 이러한 감정을 다른 이에게 전이시키기도 하며 이러한 감정들은 더 깊은 아픔과 슬픔, 공포를 은폐하기 위해 사용되기도 한다.

▶먼저 적개심이나 분노로서 대항하는 환자의 공격적인 행동 이면에 분노, 적개심, 슬픔, 공포 등이 있음을 알아야 한다. 그런 다음 환자가 자신의 분노, 적개심을 비판이나 판단받지 않고 표현할 수 있도록 해 주고, 아무런 죄의식 없이 받아들여질 수 있도록 수용해 주어야 한다. 어떤 경우에는 분노의 표현에 제한을 둘 수 있으나 만약 환자가 좌절과 분노를 말로 표현하거나 신체적 활동으로 나타내면 공격심의 정도는 감소될 수 있다.

4) 죄의식과 수치심

임종 상태에 있는 환자들은 흔히 죄의식을 갖는데, 정당한 이유를 여러 가지로 과장하고 상상하게 된다.

우선 환자는 자신의 병이 과거의 잘못에 대한 응보의 형태로 믿는 것이기도 하고 다른 사람을 향한 분노의 감정이 죄의식을 느끼게 하는 이유가 될 수도 있으며 자연스러운 슬픈 감정의 체험도 어떤 이들에겐 죄의식을 갖게 할 수 있다.

예를 들어, 환자가 자신의 평정을 잃고 울었다는 것에 대해 죄책감을 가질 수 있는 것이다.

▶환자가 죄의식을 갖는다면 우리가 겪고 있는 질병은 죄의 결과는 아님을 이야기해 주고 자신이 지금까지 살아온 날들을 돌이켜보면서 가족들에게 지은 잘못들을 성찰해 보는 것도 필요하지만 나를 용서해 주시고 받아들여 주시고 살게 해 주시는 하느님의 은총과 사랑, 자비에 대해서도 함께 생각할 수 있도록 조언을 해 준다.

죽음이 임박한 환자는 자신의 신체적 혹은 심리적인 결함 때문에 수치심을 일으킬 수 있다. 환자는 자기 신뢰, 자기 조절, 독립심, 자율성 등의 역할을 부분적으로 포기하도록 요구되며 이러한 이유로 환자는 질병 자체로도 부끄러움을 일으킨다.

▶환자를 돌볼 때는 어떤 여건 속에서도 존경심을 가지고 대해 주어야 하고 환자의 사생활, 사적인 면을 최대로 보장해 주어야 하며 여러 상황을 고려하여 환자 스스로 어느 정도 조절할 수 있는 일상의 생활은 환자에게 선택할 수 있는 권한을 주는 것이 좋다.

- 임종환자의 방어기전

임종환자는 방어기전을 위기를 극복하기 위한 마지막 투쟁으로 사용한다. 즉 위협으로부터의 은신, 위협의 인식으로부터 도피, 위협에 대한 적응 등과 관련된 기전이다. 방어기전들은 나쁘다거나 불건전한 것이 아니다. 많은 사람들이 방어기전을 치료로서는 부적절한 것으로 생각하지만 기전을 적당히 사용하면 많은 압박과 긴장에 대처하고 극복하는 것을 지지해 준다. 우리 사회에서는 '방어기전'이란 용어를 개인이 기피하도록 허용하는 것, 거부, 방해행동, 회피에 적용하여 사용한다. 그러나 방어기전이 적절히 사용되면 적응기능을 돕는다는 것을 알아야 한다.

① 퇴행(regression)
② 의존성(dependence)
③ 억압(repression)
④ 억제(supression)
⑤ 부정(denial)
⑥ 합리화(raationalization)
⑦ 비인간화
⑧ 주지화(intectualization)

7. 호스피스와 관련된 윤리문제

1) 호스피스 환자를 돌보는 데 영향을 미치는 생의 윤리 원칙에는 어떤 것들이 있는가?

생의 윤리 원칙이란 윤리적인 문제 상황에서 의사 결정에 중요한 원칙들이다.

(1) 자율성(autonomy)

개인이 스스로 선택한 계획에 따라 행동 과정을 결정하는 행동 자유의 한 형태로서 결정에서의 자주성을 의미한다. 이 자율성에는 두 가지가 있는데, 첫째는 자신이 원하는 행동은 무엇이든지 관계없이 다 할 수 있는 자율성이며, 둘째는 자신이 선택해서 행한 행동이 존중되어야 함을 의미한다.

(2) 정직(veracity)

정직은 진실을 말해야 하는 의무이다. 정직의 원리가 포함해야 하는 것은 다른 사람을 존중하고 선을 위해서 진실을 말해야 하는 것이다. 또한 약속을 지키는 것이 이 의무에 속하며, 언어로 의사소통을 할 때 진실된 것만 말하고 거짓말이나 속임을 안 해야 한다.

(3) 악행 금지(nonmaleficence)

악행 금지의 기능은 고의적으로 해를 가하는 것을 피하거나 해가 될 위험을 피하는 것이다. 해가 될 위험성과 고의적인 유해성과의 차이는 분명치 않다. 그러나 의도적으로 가해를 주는 것과 상해의 위기가 가해지는 것을 구별하는 것은 중요하다.

(4) 선행(beneficence)

선행은 선(善)을 행하는 하나의 의무요, 긍정적인 윤리로 친절과는 구별되어야 한다. 만약 임종에 가까운 환자가 계속 치료받기를 보류할 때 그 요구를 들어주는 것이 선행인지, 환자의 자율성을 존중하는 것인지, 아니면 무해성의 의무에 반하는 행위인지 고려할 필요가 있다. 선행의 원칙은 선을 행할 것을 원하거나 실제로 그러한 행위를 하도록 우리에게 요구한다는 사실이다. 선행을 한다는 것은 칭찬받을 만하고 유익한 일이긴 하나 도덕적인 의무의 요구를 넘어서는 것이다.

(5) 비밀유지(confidentiality)

환자의 개인차와 독자적인 인격을 존중하며 성실히 돌보는 것이다. 환자의 사생활을 유지시킬 의무와 환자의 비밀을 지킬 의무는 오랫동안 간호윤리와 의학윤리의 한 부분이 되어 왔다.

(6) 정의(justice)

정의의 원칙은 분배적 원칙으로 인간의 권리가 그 발달 정도에 따라 각기 달리 분배될 수 있다는 것이다. 인간은 자신이 해야 할 의무와 할 것에 대해 곧바로 실천한다. 이는 합법적 의무와 권리라고 말할 수 있다.

(7) 성실(fidelity)

성실은 자율성의 원리와 독자성으로부터 기인되는 도덕률이며, 성실은 규율보다 강한 것이다.

(8) 사전 동의(informed consent)

환자로부터 치료에 대한 동의를 받기 위해서 모든 관련된 정보를 제공해 주어 시행될 치료와 처치에 자발적으로 동의하고 협조하는 법적이고 윤리적인 요구 조건을 말한다.

2) 임종 환자는 어떤 권리를 가질 수 있는가?

(1) 나는 내가 죽는 날까지 살아 있는 인간으로서 대우받을 권리가 있다.
(2) 나는 상황이 어떻게 변하더라도 희망을 유지할 권리가 있다.
(3) 나는 상황이 어떻게 변하더라도 희망을 가진 자에 의해 간호받을 권리가 있다.
(4) 나는 죽음이 다가옴에 따라 내 방식대로 나의 감정과 느낌을 표현할 권리가 있다.
(5) 나는 나의 간호에 관한 의사 결정에 참여할 권리가 있다.
(6) 나는 "치료(cure)" 목적이 "안위(comfort)"의 목적으로 변화할지라도 계속적인 의료와 간호의 관심을 기대할 권리가 있다.
(7) 나는 홀로 죽지 않을 권리가 있다.
(8) 나는 통증으로부터 해방될 권리가 있다.
(9) 나는 나의 질문에 대해 정직한 대답을 들을 권리가 있다.
(10) 나는 기만당하지 않을 권리가 있다.

(11) 나는 나의 죽음을 수용하는 데 있어 가족으로부터 도움을 받을 권리가 있다.

(12) 나는 평화와 존엄성을 가지고 죽을 권리가 있다.

(13) 나는 다른 이들의 신념에 반대되는 결정에 대해 판단 받지 않고 나의 개별성을 유지할 권리가 있다.

(14) 나는 다른 이들에게 이것이 무엇을 의미하든 나의 신앙과 영적 경험을 충족시키고 토의할 권리가 있다.

(15) 나는 인간 육체의 성스러움이 죽은 후에도 존중될 것을 기대할 권리가 있다.

(16) 나는 내가 죽음에 직면하도록 돕는 데 만족을 느끼며 나의 요구를 이해하는 민감하고 지각 있는 사람에 의해 돌봄을 받을 권리가 있다.

3) 호스피스 환자에게 "안락사(Euthanasia)"는 허용되는가?

(1) 안락사의 정의와 구분

역사적으로나 어원상으로 '안락사'라는 말은 "고통과 통증이 없는 편안한 죽음", 또는 원래 선하고 공경할 만한 죽음을 의미한다.

의학 용어로서의 이 단어는 항상, 죽어 가는 환자에게 의사가 고통을 덜어 주기 위해서, 그리고 통증과 괴로움을 줄여 주기 위해서 행하는 친밀한 도움으로 표현되었다.

오늘날에 와서는 그 말의 본래 의미를 생각하는 것이 아니라 질병의 고통이나 단말마의 고통을 없애려는 어떤 의학적 개입을 생각하게 된다. 의사들은 대개 적극적인 안락사와 소극적인 안락사를 구분하고 있다. 소극적 안락사는 생명을 연장시킬 수도 있는 치료를 의도적으로 생략하는 것을 의미하고 적극적인 안락사는 더 이상의 다른 방법을 기대할 수 없는 경우에 의도적으로 더 빨리 죽음을 초래하는 "치료"의 설정을 의미한다. 적극적인 안락사는 충격적인 의미를 담고 있기 때문에 최근에 의사들이 사용하기를 꺼리지만 종종 "안락사(mercy kelling)"라고도 일컬어진다.

(2) 정당화될 수 없는 안락사

① 누군가의 생명을 죽이는 것이나 다른 생명이 '평안한' 종말을 맞도록 하는 것이 합리적이고, '인간적인' 것으로 보인다. 그러나 이때 남는 것은 그저 고통과 심각한 좌절뿐이다. 이것은 사실 불합리하고 비인간적인 것이다. 안락사는 살인 행위이며, 어떤 목적으로든 정당화할 수 없는 것이다.

② 말기환자들, 이상 아동, 정신 질환자와 불치병으로 고생하는 이들의 고통과 고난에 대한 반응으로 나타나는 연민은, 능동적이든 수동적이든 어떠한 형태의 직접적 안락사도 정당화할 수 없다. 이것은 병으로 고생하는 이들을 돕는 문제라기보다는 오히려 한 사람을 의도적으로 살해하는 행위이다.

③ 의사와 준의료인―"항상 생명에 봉사하고 이 생명을 임종에 이르기까지 돕는 사람"―은 관계 당사자의 요청과 더욱이 가족들의 요청이라 하더라도 안락사를 시도하는 행위에 협력할 수 없다.

④ "흔히 죽여 달라고 하는 중환자들의 간청이 안락사에 대한 진정한 원의를 나타내는 것으로 이해되어서는 안 된다. 사실 그것은 거의 언제나 도움과 사랑을 구하는 고뇌에 찬 간원의 경우이다. 의학적인 가료 외에, 병든 사람에게 필요한 것은 사랑으로 부모, 자녀, 의사, 간호사 등 가까운 모든 사람들이 병자를 에워쌀 수 있고 또 감싸 줘야 하는 인간적이고도 초자연적인 온정이 필요한 것이다."

(3) 암환자에게 "진실"을 알리는 것은 중요한가요?

죽음을 앞둔 사람, 혹은 불치병을 가진 사람은 누구나 진실을 알 권리가 있다. 어떠한 사람에게 있어서나 다가오는 죽음은 자기 가족에 대한 특정한 의무를 수행하고 사업을 정리하며 부채를 청산하는 등의 책임을 수반하게 된다.

어떻든 죽음에 대한 준비는 죽음이 다가오기 훨씬 전에 아직 건강이 좋은 때부터 시작되어야 한다. 따라서 누구든지 환자와 가장 가까운 사람은 임종이 가까워 옴을 환자에게 알려주어야 한다. 가족과 사목자, 의료인들은 이 의무에 참여해야 한다. 「관련된 사람의 감수성과 수용 능력에 따라, 또는 환자의 상태와 그의 대인 관계 능력에 따라 각기 경우가 다르다.」

환자와 가까운 사람이 태연하게 행동하기 위해서는 환자가 진실에 대해 어떠한 반응을 나타 낼지 예견하도록 노력해야 한다. 그리고 병원의 사목자는 계속적인 접촉을 통해서 환자들, 특히 믿지 않거나 무관심 속에 있는 환자와 신뢰 관계를 조성하도록 노력해야 할 것이다. 사목자는 죽음이 임박했음을 너무 일찍 말하지 않도록 조심해야 하며, 동시에 진실을 감추 어서도 안 된다.

참고문헌

가톨릭대학교호스피스교육연구소(2006), 『호스피스 완화간호』, 군자출판사.
김분한(2007), 『일반인을 위한 호스피스 교육』, 퍼시픽출판사.
노유자·한성숙·안성희·김춘길(1994), 『호스피스와 죽음』, 현문사, pp.121～126.
최순영·김춘미·박순옥·문진하·백훈정(2002), 『호스피스』, 현문사.
한국호스피스협회(2010), 『호스피스 총론』.

호스피스 환자의 통증과 증상관리

호스피스 환자의 통증과 증상관리

1. 호스피스 환자의 통증관리

　말기 암환자들이 가장 두려워하는 것은 죽음보다도 극심한 통증이다(슈바이쳐).

　말기 암환자에 있어 제때 통증을 조절해 주지 못한다는 것은 결국 아무것도 해 줄 수 없다는 것을 의미한다.

2. 암환자 통증관리의 필요성

-unrelieved pain → unnecessary suffering

-unrelieved pain → activity↓, appetite↓

→ pain threshold↓ → pain perception↑

→ sleep↓, anxiety, depression↑

→ hopelessness, powerlessness, QOL↓

3. 효과적인 통증조절을 저해하는 요인

1) 의료진 관련 요인

　① 통증에 대한 사정(assessment)의 부족
　② 암환자에게 통증은 불가피하다는 인식
　③ 마약성 진통제의 내성, 중독에 대한 염려

2) 환자관련 요인

　① 통증이 있다고 표현하기를 주저
　② 중독과 부작용에 대한 염려로 진통제 투여 주저

3) 건강관리체계 관련요인

　의료비 지불 체계상의 이유

4. 암 통증의 원인

　(1) 암의 뼈, 내장, 신경계 침범
　(2) 암과 관련된 근육 수축, 변비, 욕창, 감염이 발생한 경우
　(3) 항암치료에 의한 통증(수술, 화학요법, 방사선요법)
　(4) 암이나 항암치료와 무관한 통증(디스크, 관절염 등)

5. 암환자에게 흔히 발생하는 통증증후군

1) 신경침범에 따른 통증

Peripheral neuropathy: chemotherapy induced peripheral neuropathy. Radiation induced peripheral nerve tumors

2) Abdominal pain

장폐쇄, 내장기관으로의 혈류의 차단

3) mucositis

항암제는 구강 점막 상피세포의 생산 억제

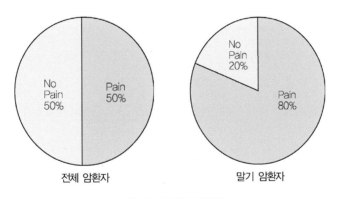

〈그림 2〉 암 통증의 유발률

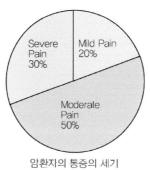

암환자의 통증의 세기

〈그림 3〉 암환자의 통증의 강도

6. 통증평가

1) Body Chart

2) 평가질문

    ① 통증의 양상, 시간, 기간, 부위

    ② 악화시키는 요인/호전시키는 요인

    ③ 다른 동반된 질환

    ④ 통증이 전이되는 부위

    ⑤ 진통제 사용 여부(효과, 사용기간, 종류, 부작용, 중지 이유)

    ⑥ 통증에 영향을 주는 요인(육체적, 정신적, 사회적, 영적)

3) 정도 평가

    ① 직접적 방법: Visual analogue scale, happy face-sad face scale, Memorial Pain Assessment Card

    ② 간접적 방법: 행동 활동량, 수면 진통제 요구량 재평가

7. 효과적인 통증관리 지침

(1) 통증 정도에 대해 정기적으로 평가

(2) 환자나 가족이 통증이 있다고 보고하거나 어떤 치료법이 효과적이었다고 표현하면 신뢰

(3) 통증은 안전하고 효과적으로 조절될 수 있음을 환자와 가족에 교육하고 통증을 표현 토록 함.

(4) 환자와 가족에게 통증관리에 대한 권한 부여

(5) 통증을 경험하는 동안 환자가 최대한 통제력을 가질 수 있도록 배려

8. 통증관리 방법

(1) 병리적 과정을 수정: 방사선치료, 호르몬치료, 항암제치료, 수술

(2) 통증의 역치를 높이는 방법: 이완요법, Biofeedback, 최면술, 피부자극(냉찜질, 온찜질, 마사지), TENS

(3) 통증전달 경로의 차단: 신경차단술, 신경외과적 수술

(4) 부동에 의한 치료: 휴식, 생활양식의 변화, cervical collar, surgical corset, splint

(5) 약물치료

9. 약물을 이용한 통증관리 지침

(1) 통증치료의 첫 단계로 가능하다면 aspirin, acetaminophen, NSAIDs 투여(who 단계 1)

(2) 통증이 지속되거나 심해지면 codeine과 같은 약한 마약성 진통제 투여(who 단계 2)

(3) 통증이 중등도에서 심한 정도로 지속되면 morphine 등 마약의 강도나 용량 증가. 마약

성 진통제의 용량은 통증이 멈추거나 진통제 부작용이 문제 될 때까지 증량 가능(Who 단계 3)

(4) 진통제와 함께 보조제를 병용하여 진통 효과를 높이거나 부작용 경감

(5) 진통제는 통증의 재발을 방지할 수 있을 정도로 규칙적인 간격으로 투여(by mouth/by the clock/by the ladder/for the individual/with attention to detail)

10. 통증의 기전

(1) 침해수용체(nonciceptor)

(2) 척수후근절에 존재하는 통증자극의 수용체

(3) 수용체를 자극하려면 적정 자극이 필요

(4) 통증감각을 일으키는 적정 자극이 침해자극

(5) 침해자극이란 생체조직을 손상 또는 손상시킬 가능성을 가진 유해한 자극

(6) 기계적 자극, 온열적 자극, 화학적 자극 → chemical mediator(bradykinin, acetylcholine 등의 통각유발물질) → 수용체 흥분 → 전기적 활동 전압 상승, 활동전위로 변환

11. 통증관리의 WHO ladder

1) WHO ladder

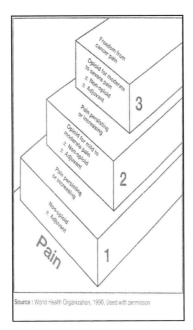

1단계	통증	비마약성 약물+부가적 진통제
2단계	통증 지속이나 증가	약한 마약성 약물+비마약성 약물+부가적 진통제
3단계	통증 지속이나 증가	강한 마약성 약물+비마약성 약물+부가적 진통제

2) 약물을 이용한 통증관리

(1) 비마약성 진통제

① 진통효과+해열작용
② 말초신경계에 작용하여 통증을 유발하는 bradykinin과 같은 물질에 반응 일으키는 prostaglandin의 합성 저해
   − Aspirin

－Acetaminophen

－Non-steroidal anti-inflammatory drugs(NSAIDs): ibuprofen, indomethacin

③ 금기증: 혈소판 결핍증

④ 기타 부작용: 소화기계 불편감, 신부전증

(2) 마약성 진통제

① 뇌, 척수의 마약수용기와 결합해 중추신경계 수준에서 통증을 완화

② 종양과 관련된 심한 급만성 통증에 유용

③ 부작용과 의존성 있으나 실제 필요한 용량보다 적게 사용하여 통증조절이 제대로 이루어지지 않는 것이 더 문제

④ 마약성 진통제 투여 대원칙
   －경구로(by the mouth)
   －규칙적으로(non by the prn)
   －단계적으로

(3) 마약성 진통제

① 대부분의 말기 암환자는 중등도 이상의 통증을 호소하므로 마약성 진통제를 사용

② 진통효과를 높이기 위해 병용요법을 사용

③ 내성발현 여부를 잘 관찰하고 조치: 내성이란 동일효과를 유지하기 위해 더 많은 용량이 필요하게 되는 경우로 주로 마약성 진통제를 장기간 투여 시 발생

④ 부작용의 신속한 발견과 처치

(4) 마약성 진통제

① Morphine: 중등도 이상 심한 암성 통증

② 부작용

- 변비: 장분비나 연동운동 감소로 예방목적으로 완하제 투여나 섬유질이 풍부한 식사 권장
- 오심과 구토: chemorecetor trigger zone을 자극. 예방목적으로 phenothiazine이나 metoclopromide 와 같은 진토제로 치료
- 호흡억제: 마약수용체 길항제인 naloxone 투여

(5) 마약성 진통제

① codeine: 약한 마약성 진통제로 경증이나 중등도 통증에 사용. Aspirin이나 acetaminophen 과 함께 사용
② Fentanyl: 마취 시 많이 사용. 주로 경피적 patch 이용
③ Methadone: 모르핀에 효과가 없는 심한 통증의 환자에 사용
④ Meperidine(상품명 demerol): 심한 통증 조절에 사용하는 약물로서 중추신경계 독작용이 심해 만성통증에는 사용하지 않음.

3) 보조제(coanalgesics)

① 진통제와 병용해 진통효과를 높이고 다른 진통제로 인한 부작용 경감 목적
② Antidepressants: 신경인성 통증을 약물로 조절. 마약의 진통효과 항진. Amitriptyline
③ Anticonvulsants: 신경손상에 기인한 통증 조절에 유용. Carbamazepine, clonazepam
④ corticosteroid: 신경이나 척추압박, 뇌압상승으로 인한 통증 경감. 임파부종의 감소. 기분 상승, 항염, 식욕증진
⑤ Antihistamines: 진통, 진토작용 및 야간의 진정작용. 병용 시 진통작용 증강

12. 호스피스 환자의 증상관리

1) 변비

(1) 암환자의 경우 약 40%에서 변비 경험

(2) 원인

    ① 1차적 요인: 수분, 섬유질 포함 음식섭취 감소. 활동의 감소, 침상안정, 스트레스, 우울
    ② 질병관련 요인: 종양에 의한 장폐색, 복수, 척수침범 종양에 의한 신경 전달 방해
    ③ 치료관련 요인: 신경자극의 전달을 방해하는 항암제, 마약성 진통제

(3) 간호중재

    ① 매일 8잔 이상의 수분 섭취
    ② 규칙적인 운동의 계획
    ③ 곡물, 뿌리채소, 견과류, 껍질째 먹는 과일 섭취
    ④ 배변하기 30분 전에 따뜻하거나 더운 음료 섭취
    ⑤ 마약성 진통제 사용 시 초기부터 예방적으로 변완화제의 사용(Senna, naloxone)

2) 오심과 구토 - 원인

    ① 질병관련 요인: 뇌종양 또는 뇌전이, 위배출 지연(종양에 의한 장폐색, 간/비장 비대)
    ② 치료관련 요인: 항암화학요법(Cisplatin, cyclophosphamide, Dacarbazine), 방사선요법, 마약성진통제
    ③ 심리적 요인: anticipatory, conditioned nausea/vomiting

3) 병태생리

① 화학수용체 유도부위(Chemoreceptor Trigger Zone, CTZ): 제4뇌실 근처. 혈액과 뇌척수액의 화학적 자극(약물, 생화학적 물질, 독소)을 감지해 구토중추로 자극 전달. Dopamine, serotonine, histamine 등의 신경전달물질의 수용체가 있다.

② 구토중추: 연수에 위치. 여러 조직으로부터 구토자극 신호를 받아 구토를 유발, 운동기관에 자극 전달

③ 미주신경(vagus nerve): 미주신경의 화학적 수용체는 CTZ와 VC에 구토 자극 전달

④ 전정기관: 내이에 위치. Motion sickness에 관여

⑤ 대뇌피질: 구토중추의 감수성 조절. 예측성 오심/구토 관련

4) 약물중재

① 세로토닌 길항제: ondansetron(Zofran)

② 도파민 길항제: metoclopramide(mexolon)

③ Antihistamines: Diphenhydramine(Benadryl)

④ CNS depressants: Lorazepam(Ativan)

⑤ Steroids: dexamethasone

5) 간호중재와 환자교육

① 환자의 영양상태 사정, Monitor I/O, wt.

② Antiemetic drugs 투여

③ 아주 단 것, 튀기거나 기름이 많은 것, 양념이 많이 된 것과 냄새가 강한 음식은 피하도록 한다.

④ 냄새를 최소화하도록 방 안의 환기 자주

⑤ 잦은 구강간호. 얼음 조각이나 얼린 주스를 깨물어 먹는다.

⑥ 찬 음료 자주 제공. 더운 음식보다는 찬 음식 제공

⑦ 건조한 음식이나 신선한 야채, 과일 섭취

⑧ 천천히, 소량씩 자주 먹는다.

참고문헌

가톨릭대학교호스피스교육연구소(2006), 『호스피스 완화간호』, 군자출판사.

김분한(2007), 『일반인을 위한 호스피스 교육』, 퍼시픽출판사.

노유자 · 한성숙 · 안성희 · 김춘길(1994), 『호스피스와 죽음』, 현문사, pp.121~126.

최순영 · 김춘미 · 박순옥 · 문진하 · 백훈정(2002), 『호스피스』, 현문사.

한국호스피스협회(2010), 『호스피스 총론』.

PART 05

환자의 심리 · 사회 · 영적 간호

환자의 심리 · 사회 · 영적 간호

1. 우울증

1) 원인

암에 걸렸다는 사실 자체 때문에, 또 그로 인해 정상적인 육체적, 정신적 기능을 못 한다는 사실 때문에 우울해지는 경우가 많다. 환자가 우울증에 빠지면 침대에서 일어나지 않으려 하고, 대화가 단절되며, 안절부절못하거나, 집중력, 기억력이 떨어지고, 밤에 자주 깨면 치료를 필요로 하는 우울증을 의심해야 한다.

2) 간호중재

환자로 하여금 자신의 좌절감이나 분노를 표현하도록 격려한다.

여러 사람들(자원봉사자, 사회사업가, 친구들, 성직자 등)이 환자의 이야기를 들어 주도록 기회를 마련한다.

- 약물 치료: amitriptyline(15~60mg 경구투여)
- 우울증의 징후를 보인다고 생각되면 정신과 의사의 도움을 받는다.

2. 피로

1) 암 환자의 활동, 피로, 증상관리, 기능상태 와의 관계

① 너무 적은 휴식뿐만 아니라 너무 많은 휴식도 피로감을 증가시킨다.

② 너무 많은 활동뿐만 아니라 너무 적은 활동도 피로감을 증가시킨다.

③ 활동과 휴식의 적절한 균형은 에너지를 보존시키지만 불균형이 생기면 피로가 심화된다.

④ 시간이 경과함에 따라 유기체의 생물학적 활동능력이 감소하는 것에 대한 에너지의 적응반응이 deconditioning이다.

⑤ 활동을 감소시키는 증상과 상태를 완화시킬 수 있는 중재법이 진정작용이나 이완효과를 주지 않는다면 동시에 피로를 완화시키고 기능수준을 증가시킬 것이다.

⑥ deconditioning과 인지된 피로는 삶의 모든 측면을 긴장하게 만들며 삶의 질에 부정적인 영향을 미친다.

2) 암 환자들이 말하는 일반적인 중재법

① 심상요법

② 유머

③ 일의 재분배

④ 환경변화

⑤ 우선순위의 설정

⑥ 독서

⑦ 미술품, 시, 음악 등을 감상

⑧ 활동과 휴식을 계획하는 것

⑨ 집안일하는 데 도움을 받는 것

⑩ 암 환자가 피로와 같이 신비하고 역설적인 증상에 대해 이해하도록 도우며 그 증상의 희생자가 아니라 그 증상을 조절하면서 살아갈 수 있게 돕는다.

3. 사회·심리 간호

총체적인 간호(holistic care)의 차원에서 죽음을 앞둔 환자의 다양한 심리 변화과정을 이해하는 것이 필요하며, 삶의 일부 중 가장 중요한 죽음의 과정을 돌보는 일에 최선을 다해야 한다. 말기암 환자의 정서적인 면의 해결은 부정, 분노, 타협, 우울, 포기, 애통, 외로움, 격리, 절망 등의 부정적 감정을 희망과 소망, 기쁨, 의지와 수용의 감정으로 변화될 수 있도록 해야 할 것이다.

또한, 암 환자는 다양한 치료방법을 동원하는 경우가 많은데 말기암 환자인 경우 오랫동안의 투병생활로 인하여 치료비로 인한 경제적인 문제가 동반되는 경우가 많다. 환자를 돌보느라 정신적으로 힘들고 경제적으로도 어려움을 겪고 있는 환자 가족에 대한 돌봄도 매우 큰 영역으로 접근이 필수 불가결하다.

1) 좋은 죽음, 죽어 가는 과정에서의 삶의 질

- 자신의 삶의 의미를 찾고
- 남아 있는 갈등을 줄이며
- 삶이 고독하지 않음을 알며
- 중요한 사람들과의 관계를 유지, 회복하며
- 죽는 순간까지 소망과 기쁨을 갖으며
- 자신의 이상적인 죽는 모습이 아름답게 마무리되어야 한다.

2) 말기암 환자의 필요한 지지

- 보살핌, 지지를 한다.
- 환자 스스로를 알게 한다.
- 돌이킬 수 없는 사실에 매달리지 않게 한다.
- 임종의 순간을 예측하며 가족이 대응하게 한다.
- 그들이 원하는 것은 병이 낫는 기적이 아니고 마지막 순간까지 가족과 의료진이 자신

의 옆에서 지켜준다는 것을 확인하는 일이다.

−환자 가까이 앉으며 손을 잡는 등의 스킨십을 한다.

−주의 깊게 들어준다.

−솔직하고 진솔한 대화를 한다.

−부정에 대하여 굳이 대면하지 않는다.

−환자의 변화 상태나 실망스러운 점 들을 대화한다.

−보호자와 늘 협조체계를 유지한다.

−죽음의 시간이 갑작스러운 것이 아니라는 것을 알게 한다.

−돌봄의 목표는 환자의 죽음이 아니고 환자가 소망과 기쁨으로 살아가는 것임을 알도록 한다.

4. 영적 간호

임종 환자가 경험하게 되는 영적 고통을 최대한 감소시키고 잘 극복하도록 도와주며, 영적 요구를 충족시켜 영적 안녕 상태를 유지·증진하도록 돕는 영적 간호는 호스피스 간호의 핵심이 되어야 한다. 이러한 영적 간호는 임종환자의 남은 삶의 질을 높여 주며, 하느님, 자신, 이웃, 환경과 올바른 관계를 유지함으로써 현재의 상황과 죽음을 긍정적으로 수용하고 내세에 대한 희망 속에서 평온한 죽음을 맞도록 도와주는 데 있다.

또한, 임종환자들의 영적 문제를 보다 잘 이해하고 영적 안녕을 도와주기 위해서 간호제공자는 영적 측면을 인식하고 자신의 영적 안녕을 유지하는 것이 필요하다.

참고문헌

김복자·김연희(2000), 『암환자 간호증상관리』, 서울, 현문사.

김분한(2004), 『호스피스와 연구』, 정담미디어.

이경식·홍영선·한성숙(1997), 『알기 쉬운 호스피스와 완화의학』, 성서와 함께.

이원희(2000), 「말기 암환자의 총제적 고통」, 한국호스피스 완화의료학회지3(1), pp.60~73.

한국호스피스협회(2010), 『호스피스 총론』.

홍근표 외(2000), 『기본간호학 2』, 서울, 수문사.

PART 06

의사소통 및 대화기법

의사소통 및 대화기법

1. 호스피스 대상자의 일반적인 심리상태

① 고립, 자포자기에 빠지지 않으려고 한다.

② 가능한 한 자신을 통제하고자 한다.

③ 신체적, 지적인 면에서 최대한의 기능을 하고자 한다.

④ 사회적 고립을 두려워하고 좋은 대인관계를 유지하고자 한다.

⑤ 자신의 이야기를 들어주고 대화할 상대를 필요로 한다.

⑥ 미완성의 일을 완성시키고자 한다.

⑦ 통증을 느끼지 않거나 가능한 한 통증을 덜 느끼고자 한다.

⑧ 인간의 존엄성을 유지하면서 가능한 한 익숙한 장소에서 임종을 맞고 싶어 한다.

⑨ 자신의 즐거웠던 과거를 회상할 기회를 가지려 한다.

⑩ 자신의 질병과 치료에 대해 정확한 정보를 갖고자 한다.

⑪ 장례절차, 자녀문제, 집안일에 대해 이야기하고 싶어 한다.

⑫ 주변 사람들의 정직하고 진실한 태도를 원한다.

⑬ 성적, 애정적 돌봄을 원한다.

⑭ 심리적, 영적 상담을 받고 싶어 한다.

2. 호스피스 대상자의 심리적 문제

1) 상실감(loss)

① 의미 있고 가치 있는 어떤 것을 박탈당하는 것

② 신체적 상실

③ 고립감, 자기 존중감, 존엄성에 대한 위협에서 오는 정서적 상실

④ 사회적 접촉과 관계 감소, 역할 변화로 인한 사회적 상실

⑤ 상실과 비탄을 이해, 공감한다.

⑥ 충격과 부정에 대한 감정을 표현하도록 한다.

⑦ 사회적 지지: 가족, 친지가 돕도록 한다.

⑧ 분노 단계를 지지: 경청, 인내

2) 두려움(fear)

① 모든 두려움의 근원은 죽음에 대한 두려움으로 피해의식, 불안의 근원이 된다.

② 죽음이 미지의 것이라는 두려움

③ 고독에 대한 두려움

④ 가족, 친지 상실에 대한 두려움

⑤ 신체 부분 상실에 대한 두려움

⑥ 자아 지배능력 상실에 대한 두려움

⑦ 통증에 대한 두려움

⑧ 주체성 상실에 대한 두려움

⑨ 퇴행에 대한 두려움

⑩ 함께 있어 준다(attending).

⑪ 두려움을 확인한다.

⑫ 이해하도록 돕는다.

⑬ 편안하고 수용적인 분위기를 조성해서 감정을 표현하도록 하고 지지한다.

3) 절망감(despair)

① 무능력감, 무력감, 실망. 포기가 순환적으로 작용하는 연속적인 상태이다.
② 절망감을 이해, 수용, 공감한다.
③ 절망감을 표현하도록 하고 경청한다.

3. 호스피스 환자와의 대화를 위한 전제

① 인간은 독특하다.
② 나 자신 및 타인을 이해하지 못한다.
③ 우리는 문제를 가지고 살고 있다.
④ 우리는 모두 자기중심적이고 자기 욕구에 충실하다.
⑤ 우리 모두는 잘못된 의사소통 습관을 가지고 있다.

4. 효율적인 의사소통

1) 의미 있는 의사소통은 관찰, 경청, 느낌에 의한 의사소통이다.

① 상대방에 대한 신뢰에 존중감이 있어야 한다.
② 상대방에 대한 진정한 관심이 있어야 한다.
③ 마음을 열고 선입견과 고정 관념, 방어적 태도를 버린다.
④ 대화하고자 하는 열망과 의지를 가지고 전념할 수 있어야 한다.

2) 공감(empathy)이 필요하다.

공감이란 그 사람의 입장에서 그 사람의 감정, 사고, 경험을 이해하고 나누고 느끼는 것,

즉 그 사람의 관점에서 그의 세계를 이해하고 나누고 느끼는 것을 말한다. 공감은 의식적이고 목적 있는 과정이며 훈련이 필요하다.

공감은

① 상호작용을 통해 일어난다.

② 상대방의 현 상태를 정확히 지각한다.

③ 상대방의 관점에서 이해한다.

④ 상대방을 판단하지 않고 있는 그대로 수용한다.

⑤ 상대방의 느낌을 공유하면서 객관성을 유지한다.

⑥ 상대방을 이해하고 있다는 것을 전달하는 의사소통을 포함한다.

⑦ 상대방을 돕고자 하는 의지를 포함한다.

3) 자기 자신에게 정직하며 자신의 느낌을 인정하고 시인하며 두려움과 상처 등 느낌을 나눌 수 있어야 한다.

4) 언어적 – 비언어적 반응이 일치해야 한다.

5) 경청의 자세를 익힌다.

경청은 예술이며 기술이며 훈련이며 가장 효율적인 의사소통의 기술이다. 경청은 관심과 존중을 나타내는 비언어적인 메시지이며 상대방을 이해하는 데 기본적인 것이다.

경청을 잘하려면

① 정서적으로 평화롭고 이완되어야 한다.

② 안정된 환경이 필요하다.

③ 자기 욕구와 불안을 조절하고 상대방에게 집중한다.

④ 상대방에 대한 요구를 버리고 판단하지 말아야 한다.

⑤ 말하는 사람도 관찰하고 있다는 것을 알아야 한다.

⑥ 충분한 시간이 필요하다.

⑦ 인내할 수 있어야 한다.

⑧ 관찰자가 되어야 한다: 암시하는 것, 숨겨진 의미, 표정 등

⑨ 상대방이 표현하는 모든 것을 들어야 한다.

⑩ 경청하면서 상대방이 보내는 메시지의 주제와 형태를 파악하고 상대방의 내용과 감정을 요약할 수 있어야 한다.

⑪ 적절한 거리와 자세를 유지하면서 시선을 마주친다.

⑫ 대화의 흐름을 유지할 수 있는 언어적·비언어적 반응을 보인다.

6) 상대방이 편안하게 말할 수 있도록 격려하며 명확하게 표현하도록 한다.

7) 함께 있어 주기를 효율적으로 사용한다.

8) 해결책보다는 대안을 제시한다.

참고문헌

가톨릭대학교호스피스교육연구소(2006), 『호스피스 완화간호』, 군자출판사.

김분한(2007), 『일반인을 위한 호스피스 교육』, 퍼시픽출판사.

노유자·한성숙·안성희·김춘길(1994), 『호스피스와 죽음』, 현문사.

류종훈(2006), 『호스피스 케어 실천론』, 은혜출판사.

이종석(2004), 『죽음과 호스피스 케어』, 이레닷컴.

최순영·김춘미·박순옥·문진하·백훈정(2002), 『호스피스』, 현문사.

한국호스피스협회(2010), 『호스피스 총론』.

호스피스전문간호사교육기관협의회(2007), 『호스피스 전문간호사 실습교육지침서』, 정담미디어.

PART 07

임종간호

Part 07

임종간호

1. 임종간호의 중요성

상실이나 죽음은 환자나 가족뿐 아니라 그들을 돌보는 간호사에게도 많은 영향을 미치며, 특히 죽음은 누구에게나 받아들이기 어려운 문제이다. 간호사는 임상에서 건강이 악화된 환자, 신체 일부를 상실한 환자, 말기환자 및 임종 직전의 환자와 가족을 흔하게 접한다. 그러므로 간호사는 임종 과정을 이해하고 다양한 상황에 처한 환자에게 개별적이면서 능숙한 간호를 제공해야 한다.

2. 임종과 죽음의 개념

1) 임종(dying)

생명을 회복할 수 없는 상태. 아직은 살아 있지만 죽음이 임박하여 죽어 가는 과정

2) 죽음(death)

살아 있는 모든 유기체에서 생명과정이 총체적으로 중지된 상태

3. 슬픔 반응의 과정-Jeffrey의 3가지 측면

1) 인식: 충격과 부정

고통스러운 현실에 감정적, 이성적으로 동화할 시간을 준다. 또한 사실에 직면하는 데 필요한 대처 자원을 찾으면서 사실을 완충하는 시간도 제공하는 기간이다.

2) 숙고: 신체적, 정서적, 영적 고통

상실로 인해 엄습하는 슬픔과 고통 없이 일상생활을 하려고 노력하는 기간이다.

3) 방향 전환: 재조직, 앞으로 나가기

과거와 현재를 모두 인정하고 일상생활로 복귀하고 동시에 미래를 바라보는 시기로 정체감과 역할을 재정비하여 고인이 없는 미래를 계획할 수 있게 한다.

4. 임종환자의 반응-Elizabeth Kubler-Ross

부정	현실을 회피하고 치료에 대한 결정을 하지 못하고 정확한 정보를 주는 사람을 멀리하거나 의학적 치료 지시를 따르지 않는다.
분노	가족 구성원, 간호사, 의사에게 보복하려고 하거나 요구가 많아지고 비난을 한다. 그러면서 자신이 간호제공자에게 의존해야 함을 알기 때문에 화를 내면서 죄의식을 느끼고 이로 인해 불안이 증가되며 자아존중감이 저하된다.
협상	신체기능을 상실하거나 조절할 수 없는 통증이나 통제력 상실을 두려워한다.
우울	극도의 외로움과 함께 눈물이 많아지고 대인관계가 위축되며 말수가 줄어든다. 외모에 대한 관심이 없어지고 희망이 사라지면 자살을 시도할 수 있다.
수용	죽음에 대비하여 계획을 세우기 시작하고 과거를 회상한다.

5. 호스피스 간호

1) 개념

죽음을 앞둔 말기환자와 그 가족을 사랑으로 돌보는 행위로서 환자가 여생 동안 인간으로서 존엄성과 높은 삶의 질을 유지하면서 삶의 마지막 순간을 평안하게 맞이하도록 신체적, 정서적, 사회적, 영적으로 도우며, 사별가족의 고통과 슬픔을 경감시키기 위한 총체적인 돌봄

2) 구성요소

환자와 가족, 다학제 팀(의사, 간호사, 목회자, 상담자 등), 입원과 가정 간호의 연계, 증상조절, 임종 후 사별관리

3) 유형

(1) 병원 호스피스

① 병동형: 병원 내에 호스피스 환자만 입원하는 병동이 따로 있어 의료시스템을 이용할 수 있고 체계적으로 돌볼 수 있으나 환자에 비해 병동이 제한되어 있어 대기상태로 있다가 임종하는 경우가 많다.
② 산재형: 병원 내에 호스피스 팀이 구성되어 간호를 수행하는 유형이다.

(2) 가정 호스피스

① 병원 중심형: 병원 내 호스피스 사무실을 운영하므로 환자 퇴원 후 추후관리를 가정간호를 통해 할 수 있으며, 통증이나 증상조절이 안 될 때에는 즉시 입원시킬 수 있다.
② 지역사회 중심형: 사회복지기관이나 대학의 부설기관에서 호스피스를 원하는 가정을 방문한다.

(3) 호스피스 전문기관

① 독립형: 별도의 건물에서 호스피스만을 독립적으로 운영하는 것으로 누구든지 환자를 의뢰할 수 있으나 입원을 원하는 환자에 비해 병실이 제한되어 대기자가 많이 있다.
② 양로원/시설: 병원에 입원하기 어렵고 가정에 있을 수도 없는 대상자를 위해 가정과 같은 분위기에서 호스피스 간호를 제공받을 수 있도록 마련된 시설이다.
③ 혼합형: 여러 유형 중 2가지 이상의 유형이 혼합되어 운영되는 경우이다.

4) 호스피스 환자 선정

(1) 암으로 진단받은 자로 호스피스 간호가 필요한 자
(2) 암으로 또는 불치병으로 진단을 받은 자
(3) 의사의 동의가 있거나 의뢰된 자
(4) 의식이 분명하고 의사소통이 가능한 자
(5) 가족이나 친지가 없어 호스피스의 도움이 필요하다고 선정된 자
(6) 더 이상 의학적인 치료로 효과를 기대하기 어려운 자로 증상완화 치료가 필요한 자

6. 간호문제

불안, 방어적 대응, 비효율적인 부정, 슬픔반응 장애, 절망감, 무력감, 영적 고뇌, 역할긴장, 자아정체성 장애, 자긍심 저하, 사고과정 장애 등

7. 간호문제 해결

1) 신체적 간호

개인위생	▶피부, 모발, 구강청결이 중요하다. ▶심한 발한이 있으면 목욕을 자주 하고 홑이불을 교환한다. ▶눈에 눈물이 고이면 탈지면과 생리식염수로 안검을 닦아 준다. ▶인공 눈물을 사용하여 각막 건조를 감소시킨다.
통증조절	※마약성 진통제의 사용원칙 ① 가능한 한 경구투여를 기본으로 한다. ② 시간을 정해서 규칙적으로 사용한다. ③ 통증의 강도에 따라 진통제를 선택한다. ④ 환자에 따라 개별적인 유효량을 결정하여 투여한다. ⑤ 약을 복용할 때에는 세부 사항에 주의한다.
호흡곤란 완화	▶호흡 용적을 증가시키기 위해 파울러씨체위를 취하고 기도흡인한다. ▶무의식 환자는 심스체위로 구강과 인두를 통해 점액을 배출한다.
활동 보조	▶침대에 누워 있는 사람은 욕창 예방을 위해 정기적인 체위 변경한다. ▶의자에 앉아 있을 때는 다리를 올려 준다.
피로	▶조용한 환경에서 자주 휴식을 취하게 한다. ▶한 번 방문하여 여러 가지 간호활동을 시행할 수 있도록 시간 조정한다.
영양과 수분 공급	▶고칼로리, 고비타민 음식이 필요하다. ▶잘 삼킬 수 있는지 구토반사를 사정해야 한다.
배설	▶수분섭취를 늘리고 곡류와 채소를 포함한 식이 제공 ▶실금으로 인한 피부자극을 막기 위해 연고를 발라 준다. ▶변기나 소변기를 준비하여 쉽게 이용하도록 한다.
감각변화에 대한 간호	▶임종환자는 보통 빛 쪽으로 머리를 돌린다. ▶잘 듣지 못하면 불안해하므로 분명하게 말해 주고 속삭이지 않는다.

2) 정서적 간호: Elizabeth Kubler-Ross의 임종 단계별로 제공해야 하는 정서적 간호

부정단계	▶대상자가 부정을 표현할 수 있도록 지지해 준다. ▶진실만을 이야기하고 현실에 바탕을 둔 정확한 정보를 제공한다. ▶환자가 성과에 관한 실문을 했을 경우 이 단계가 끝나가고 있다는 암시.
분노단계	▶임박한 죽음으로 인해 야기된 분노가 상실감에 대한 정상반응임을 이해한다. ▶환자에게 자신의 생활을 가능한 많이 조절하게 해 줌으로써 무력감 해소를 가능하게 한다.
협상단계	▶단서가 보일 때 주의 깊게 들어주고 환자가 말하도록 격려하고 정보를 제공한다.
우울단계	▶대상자가 이야기하기 원할 때 곁에 있어 주고 들어 준다. ▶비언어적 의사소통이 큰 도움이 된다.
수용단계	▶대상자가 혼자 있지 않도록 하고 대상자의 자존감을 유지시킨다. ▶치료적 프로그램에 참여하도록 격려한다.

3) 영적 간호

새로운 상황이나 문제에 직면하여 혼란이 오고 건강을 위협받는 인간을 대상으로 그에게 내재된 영적 힘을 발휘하여 스스로 문제를 극복하고 회복하도록 돕는다.

4) 가족 간호

가족도 자신의 감정을 표현하고 싶은 욕구가 있다는 것을 이해한다. 임종자 간호에 대해 교육하여 환자 간호에 직접 참여할 기회를 제공한다. 사망 시에는 가족이 임종환자 곁을 지키도록 해 줌으로써 사랑하는 사람이 외롭게 죽는다는 느낌이 들지 않도록 해 준다. 임종 후에는 사후 처리해야 할 일들을 도와주도록 한다.

8. 사후 간호

1) 사후 신체적 변화

① 사후강직: 사망 30분에서 1시간이 지나면 나타나 2~4시간 내에 신체가 경직되는 것
② 사후한랭: 사망 후 체온이 점차 하강하는 것. 피부는 탄력성을 상실한다.
③ 사후시반: 혈액순환이 정지된 후 주위조직을 변색시켜 피부색이 변한다.

2) 기록

모든 기록은 환자의 마지막 생을 명확히 하고 오해를 피하도록 돕는다.

3) 사체 관리

주변 환경을 깨끗이 정돈하고 사체가 자연스럽고 편안하게 보이도록 한다.

4) 사별가족 지지

사별한 사람은 자신을 죽은 사람에게서 분리하여 홀로 남은 환경에 재적응하고 새로운 대인관계를 형성하는 과정을 거치면서 슬픔을 극복할 수 있게 된다. 가장 중요한 것은 사별가족이 상담자에 의해 판단되거나 이상하게 느껴질 것이라는 두려움을 없애는 것이다.

참고문헌

가톨릭대학교호스피스교육연구소(2006), 『호스피스 완화간호』, 군자출판사.
김분한(2007), 『일반인을 위한 호스피스 교육』, 퍼시픽출판사.
노유자 · 한성숙 · 안성희 · 김춘길(1994), 『호스피스와 죽음』, 현문사.
류종훈(2006), 『호스피스 케어 실천론』, 은혜출판사.
이종석(2004), 『죽음과 호스피스 케어』, 이레닷컴.
최순영 · 김춘미 · 박순옥 · 문진하 · 백훈정(2002), 『호스피스』, 현문사.
한국호스피스협회(2010), 『호스피스 총론』.
호스피스전문간호사교육기관협의회(2007), 『호스피스 전문간호사 실습교육지침서』, 정담미디어.

PART 08
아동 호스피스

아동 호스피스

아동 호스피스는 특히 아동들이 자신의 죽음에 대해 이해도가 낮고 부모의 경우에도 아동이 죽는다는 사실을 받아들이기가 힘들기 때문에 접근하기 어려운 측면이 있으나, 바로 이러한 점 때문에 환아와 부모를 그 구성단위로 하여 적극적이고, 또 필요 적절한 돌봄이 요구된다. 부모에 특히 초점을 맞추어야 하는 이유는 환아가 의사결정능력이 없기 때문에 부모의 도움이 절대적으로 필요하며 사별한 후 죽은 아이의 영향이 부모의 죽는 날까지 지속되기 때문이다.

1. 아동 호스피스의 개념

1) 아동 호스피스란

아동 호스피스는 생의 위협적인 상황에서 임종을 앞두고 있는 아동과 청소년 및 그 가족의 요구를 충족시키고 돌봄을 제공하는 것이다.

2) 아동 호스피스의 목적

① 아동과 가족의 삶의 질 증진
② 치료와 돌봄에 대한 의사결정 과정에서 아동과 가족이 주체가 되어 가능한 최선의 선

택을 하도록 하는 것

3) 아동 호스피스의 제공

가정간호, 자격을 갖춘 의사와 간호사를 주축으로 하여 훈련된 자원봉사자가 함께 팀 접근을 통한 지속적인 돌봄을 제공한다.

2. 인지발달 단계에 따른 죽음의 개념

발달단계	발달특성	죽음의 이해
감각운동기 (0~2세)	대상의 영속성 확립	① 죽음을 분리나 박탈과 같은 개념으로 인식한다. ② 죽음은 단지 눈앞에 보이지 않게 사라진 것이며, 보이지 않게 되었을 때 분리에 대한 반응이 나타난다. ③ 헤어짐의 문제는 육체적 접촉으로 불안을 경감시킨다.
전조작기 (2~7세)	① 자기중심적, 마술적 사고방식, 물활론 ② 개념은 자신의 경험과 주관적 감각, 구체적 사물에 한정되어 있다. ③ 영속성, 불가역성, 불멸 등은 이해 불가능하다.	① 죽음은 사물을 이해하는 방식으로만 받아들여진다. 즉 분리 혹은 이별, 긴 잠, 신체적 손상과 연관됨. ② 죽음은 일시적이고 돌이킬 수 있다고 생각하여 "영원한 이별"을 이해하지 못하므로 아동은 얼마나 오래 헤어져 있어야 하는지를 걱정한다. ③ 마술적 사고방식과 자기중심성으로 인해 죽음을 자신의 잘못된 행위와 연관지으며 죄책감으로 자기질책에 빠지기 쉽다. ④ 애도반응에서 보일 수 있는 모든 감정을 경험한다.
구체적 조작기 (7~11세)	① 자신과 타인의 관점 구별과 불가역성에 대한 이해가 가능하다. ② 논리적 사고는 구체적 대상에 한정된다.	① 죽음의 영원성을 이해한다. ② 죽음은 자연적인 생물학적 과정이라고 이해하기보다는 병이나 상해 등으로 인한 특수한 상황에서 비롯된 것이라고 이해한다. ③ 죽음을 보편적이라고 받아들이기 어렵다. ④ 이별이라는 주제에 대하여 상처나 상해에 관한 공포가 강력하게 작용하는 시기다.

| 형식적 조작기
(11~18세) | ① 철학 및 신학적 주제를 다룰 수 있다.
② 추상적, 논리적, 현실적 사고능력이 발달한다. | ① 죽음의 네 요소(불가역성, 보편성, 기능의 정지, 인과성)를 모두 이해한다.
② 죽음을 생물학적 사건으로 이해하게 된다.
③ 죽음에 대한 철학적, 종교적문제의 수용은 어려워진다.
④ 이 시기의 정체감 확립을 위한 아동의 노력은 미래의 죽음을 예고할 수 있게 하여 죽음을 강력한 도전으로 받아들이고 죽음에 대한 부정, 분노, 불안의 감정을 나타낸다. |

3. 아동과 성인 호스피스의 차이점

아동	성인
① 아동발달에 따른 죽음의 개념의 변화를 아는 것은 죽음과 상실을 경험하는 아동의 심리상태를 아는 데 필수적이다. ② 호스피스 제공자는 아동과 가족이 아동의 죽음을 아동의 시각으로 이해해야 한다. ③ 아동의 연령 이외에 가정환경 및 사회, 문화적 환경, 교육 정도, 행동적, 감정적 요인은 아동의 죽음에 대한 이해에 많은 영향을 미친다.	※퀴블러 로스 5단계 ① 부정: 부정할 시간적 여유가 있어야 함을 이해하고 병에 대해 현실적 견해를 갖도록 돕는다. ② 분노: 행동을 이해하고 환자로 하여금 그의 분노를 표현하도록 한다. ③ 타협: 이러한 행동이 정상적이며 환자가 다음단계를 준비하는 것임을 기억한다. ④ 우울: 환자가 슬픔에 젖도록 두고, 감정을 표현할 기회를 필요로 할 때 가만히 앉아 있거나 귀담아 들어준다. ⑤ 수용: 침묵의 순간이 가장 뜻 깊은 의사소통이 이루어지는 순간이다.

1) 환아 측면

① 아직 발달단계에 있기 때문에 삶, 죽음, 질병, 건강, 신 등에 대한 이해가 부족하다.

② 아직 삶을 충분히 살아 보지 못했다.

③ 말을 통해 자신의 욕구나 감정 등을 충분히 표현할 수 없는 경우가 많다.

④ 부모나 자신에게 소중한 사람들을 보호하려는 성향이 있다.

⑤ 자주 고도로 발달된 기술적(high tech)인 의료 시술 하에 있게 된다.

2) 가족 측면

① 환아의 건강이나 질병에 대한 정보를 환아에게 잘 알려 주지 않으려 한다.
② 환아를 살리기 위해 할 수 있는 모든 방법을 다 해 보려고 한다.
③ 환아 이외의 다른 형제자매들을 어떻게 다루어야 하는지 혼란스러워한다.
④ 치료가 장기화하는 경향이 있기 때문에 경제적인 측면의 어려움이 있다.
⑤ 집에서 돌보는 것보다 병원에서 돌보는 것이 낫다고 생각한다.
⑥ 환아를 돌보는 부담을 덜고 싶어 한다.

3) 전문인 측면

① 환아, 부모, 형제자매를 보호하려 한다.
② 환아의 생명을 구할 수 없는 것에 실패감을 느낀다.
③ 환아의 인지수준을 이해하는 능력이 부족하다.
④ 특히 어린 영아의 경우 통증관리 전반에 관한 지식이 부족하다.
⑤ 질환의 전 과정에 대한 지식이 부족하다.
⑥ 가족의 사별관리 요구를 돕는 일이 어렵다.

4) 기관 측면

① 환아를 돌보는 데 전문인력이 많이 투입되어야 한다.
② 환아를 장기간 돌보아야 하는 경향이 있다.
③ 특별한 전문지식과 기술이 요구된다.
④ 입원기준을 설정하는 일이 어렵다.

4. 임종아동에 대한 반응

1) 부모의 반응

(1) 죄의식
① 죽어가는 아이의 부모가 경험하는 일반적 감정이다.
② 질병의 원인을 찾기 위해 초기의 사건들을 회고한다.
③ 과거에 아이의 죽음을 원했던 것, 아이가 살아 있는 동안 많은 것을 해 주지 못한 것에 대한 아쉬움 등으로 죄의식을 느낀다.

(2) 권위적 역할의 포기: 건강요원의 지식과 전문성에 의지하여 권위를 부여한다.

(3) 행동양상의 변화
① 부모자신의 죄의식과 슬픔을 완화시키기 위해 환아의 요구를 들어주거나 방관한다.
② 분리에 대한 공포: 아이에게 집착한다.

(4) 부모의 성에 따른 반응: 어머니는 질환에 대한 모든 짐을 자신이 지고 있다고 느낀다. 이런 감정은 부부관계에 스트레스를 주게 된다.

(5) 역할조정: 가족이 처한 스트레스는 변화된 삶의 양상과 기대치의 변화를 필요로 한다. 질환은 경제적 문제에서 사회적 고립 상태까지 많은 변화들의 원인이 된다.

2) 조부모의 반응

① 죽음에 직면한 사람이 자신이 아니라는 것 때문에 죄의식을 느낀다.
② 아동의 악화된 건강상태에 대해 자신의 자식 혹은 며느리 또는 사위를 꾸짖을 수 있다.
③ 죽음 후 손자에 관해 말하고 싶어 하는 욕구를 표현: 간호사는 이야기를 들어 줌으로써 조부모의 슬픔을 도울 수 있다.

3) 임종아동의 반응

① 5세 이전의 아동: 부모와의 이별에 대한 공포를 느낀다.

② 5~10세 아동: 외상적 처치에 대한 공포를 느낀다.

③ 10세 이상: 죽음 그 자체에 공포를 느낀다.

④ 질환과 죽음을 초래하는 고통과 상처로 부모를 향한 분개와 분노를 느끼기 쉽다.

⑤ 놀이상황에서 자신과 가족 간의 거리감을 표현한다.

4) 형제의 반응: 울음, 학교문제, 신체적 불평, 악몽, 죽음의 공포, 야뇨증, 우울, 과다한 말, 반사회적인 행동과 같은 문제를 나타낼 수 있다.

5. 호스피스 아동을 위한 효율적 간호

1) 발달단계에 따른 간호

발달단계	간호
영아기와 유아기	① 간호사는 영아에게 직접적인 간호보다 부모가 간호하도록 도와준다. ② 간호사는 언어적, 비언어적 표현으로 부모를 가르치고 상담한다. ③ 감각-지각 변화를 예방하기 위해서 접촉과 소리는 죽어가는 영아에게 가치 있는 자극이다. ④ 안아 주고, 토닥거리며, 포옹 등을 통해서 안락감을 제공한다.
학령전기	① 학령전기의 아동의 가장 큰 욕구는 통증과 부모와의 이별로부터 자유로워지는 것이다. ② 간호사의 책임은 통증완화와 부모의 존재 확인이며, 만일 그렇지 못하면 일차적 간호를 통해 관리를 지속하는 것이다.
학령기	① 6~9세: 죽음에 관해 진실하게 대답하고, 간호사는 부모가 아이에게 말기질환과 죽음의 의미가 무엇인지 설명하도록 돕는다. ② 10~12세: 죽음과 관련하여 슬픔, 외로움, 두려움의 느낌을 반영한다.
청소년기	① 간호사는 청소년의 표면화된 행위가 욕구의 진실한 표현이 아니라는 것을 인식할 필요가 있다. ② 가족과 친구들이 십대 환아와 지지적 관계를 유지하도록 한다. ③ 간호사는 죽어 가는 청소년이 죽음이 다가오고 있다는 사실을 직시할 수 있도록 시간과 분위기를 제공한다. ④ 청소년의 독립심을 유지하기 위해 가능한 자율적으로 대해 준다. ⑤ 질병의 과정, 치료계획 및 치료의 합리적 근거, 예후에 대한 정보를 제공한다. ⑥ 간호와 자가 간호에 대한 결정을 할 수 있도록 한다. ⑦ 청소년의 제안, 선호, 의견을 존중해 준다.

2) 말기질환 환자 가족의 대응과 간호사의 역할

(1) 가족의 대응 촉진

(가) 예기치 못한 죽음
① 가족에게 편안하고 개별적인 장소를 제공한다.
② 정보와 정서적 지지 제공한다.
③ 유사한 상실을 경험한 가족과 함께 경험을 공유하도록 한다.

(나) 예상된 죽음
① 자조집단 형성한다.
② 아동의 치료계획과 간호에 참여한다.
③ 아동이 퇴원 시에 가정관리가 요구되는 문제, 합병증에 관한 정보를 제공한다.

(2) 형제의 대응 촉진
① 간호사는 자녀와 보내는 시간의 질이 양보다 더 중요함을 강조함으로써 부모의 죄의식을 감소시킨다.
② 형제들이 부모와 마음을 터놓고 대화하여 감정을 표현하도록 격려한다.

(3) 치료중단에 대한 결정: 치료중단 결정을 편안하게 하도록 가족을 지지해 준다.

(4) 말기단계의 가족 대응 촉진

(가) 일반적인 신체적 문제
① 오심과 구토: 기름진 음식 피하고 찬 음식 제공. 맑은 유동식 음식은 소량씩 자주 줌. 식사 후 누워 있거나 앉음. 제토제 투약
② 식욕부진: 레몬, 소금, 설탕, 향신료 등을 사용. 단백질 섭취는 음식을 차게 하거나 또는 방의 온도를 적절히 조절함으로써 격려될 수 있다.

③ 변비: 수분과 섬유질이 풍부한 식이와 활동의 증가, 규칙적 배변습관, 구강완화제 및 글리세린 좌약 투여한다.

④ 빈혈: 철분과 단백질이 풍부한 식이섭취 및 수혈을 돕는다.

(나) 말기 단계의 아동

① 죽어 가는 아이의 청각은 마지막까지 유지되는 감각 중의 하나이다. 그래서 아동은 부모의 목소리를 들음으로써 편안하게 느낄 수 있다.

② 가능하면 부모들은 임종 순간 아동 곁에 함께 있음으로써 안락감을 느낄 수 있도록 해 준다.

(다) 사망 후 간호

① 사망 후 사체는 깨끗이 닦아 주고 조심스럽게 자세를 잡아 주며, 작별을 고한다.

② 간호사는 가족과 함께 정서를 표현하고 슬픈 감정을 공유하는 것이 적절하다.

③ 간호사의 조절감 상실은 슬퍼하는 가족에게 부담을 줄 수 있다.

④ 부모들의 행동을 비판하지 말고 슬픔 반응의 일부분으로 받아들인다.

참고문헌

강경아 · 김신정(2003), 「한국아동 호스피스의 현황과 전망」, 아동간호학회지 4월호.
_____(2007), 『한국호스피스협회 소식지』, 3~4월호.
김미예 외(2004), 『건강 간호학』, 수문사.
조결자 외(2000), 『가족중심의 아동간호학』, 현문사.
조복늠 외(2001), 『호스피스와 죽음』, 현문사.
한국호스피스협회(2010), 『호스피스 총론』.
Robert D. Truog, MD, Elaine C. Meyer, RN, PhD, Jeffrey P. Burns, MD(2006, Nov.), Toward interventions to improve end-of-life care in the pediatric intensive care unit. Critical Care Medicine. Vol.34, Issue 11 Suppl
Perry G. Fine, MD, Malene Davis, RN, MBA(2006). Hospice: Comprehensive care at the end of life. Anesthesiology. Clin N AM-24. pp.181~204.

PART 09

사별가족 지지

사별가족 지지

　사별가족 지지는 사별로 인한 충격을 잘 견디어 내고 상실의 과정을 극복하여 다시 사회 생활에 적응할 때까지 지속적으로 도와주는 아주 중요한 부분이다. 사별가족 지지기간은 사후 1~2주일부터 일 년 동안을 말하며 꾸준히 연락을 취하는 것이 좋다. 임종 전부터 사별가족 모임에 대한 자조모임을 조직하여 마음의 준비를 하고 사망 후에도 지속적으로 네트워크를 형성하여 사별가족의 어려움을 긍정적으로 헤쳐 나가도록 한다. 사별가족은 비탄에 빠져 있다. 여기서 사별가족의 비탄의 과정을 살펴보고 그들 스스로 돕는 일, 슬픔에 잠겨 있는 사별가족을 돕는 일 등을 살펴보고자 한다.

1. 비탄의 과정

　비탄은 고통스럽고 때론 그 고통이 견딜 수 없는 것처럼 보인다. 이는 현재 느끼고 지나가는 많은 감정들의 복합체이며 때론 예고 없이 오기도 한다. 비탄의 기간을 얼마나 오래, 힘들게 느끼는지의 여부는 죽은 사람과의 관계, 죽음의 상황, 남아 있는 사람들의 상황에 의해 좌우된다. 비탄의 기간은 몇 주, 몇 달 심지어는 몇 년이 될 수도 있다. 한 가지 확실한 것은 비탄이 예정된 시간표를 따르지 않고 쉽게 오랜 기간을 끌 수 있다는 것이다. 비탄이 너무나 고통스럽기 때문에 어떤 이들은 고통을 부정함으로써 상실을 극복하기 위해 노력한다. 비탄의 감정을 부정한다고 해서 고통이 사라지는 것은 아니다. 이러한 감정은 그들과 함께 있으며 인식할 수 없는 사이에, 때론 파괴적인 방법으로 혼란시킬 수 있다. 비탄의 감정과 느낌, 증상들에 대한 이해는 슬픔에 잠겨 있는 사람들을 돕고 치유하는 데 있어 중요한 과정이 된다. 전문가들은 비탄의 과정과 감정을 다양하게 기술하는데 가장 공통적인 반응들은 다음과 같다. 어떤 이들은 비탄의 과정을 다음의 순서대로 경험하기도 하지만 대부분의 사람들은 이런 감정 중 몇 개를 동시에 느끼며 각각 다른 강도로 느끼기도 한다.

1) 쇼크(충격)

사고나 살인처럼 죽음이 갑작스럽게 닥칠 때 충격은 사람들이 느끼는 첫 번째 반응이 된다. 심지어 죽음이 예견된 것이라 할지라도 충격이 처음 나타날 수 있다. 사람들은 로봇처럼 무감각해지거나 실제적으로 감정이 거의 없는 순간을 경험할 수 있으며 동시에 혼돈과 식욕 상실과 같은 육체적 증상들이 일반적으로 나타난다.

2) 부정

부정은 갑작스러운 죽음에 의한 충격을 완화시키는 자연스러운 방법이다. 부정은 초기의 쇼크에 곧이어 나타날 수 있다. 사람들은 그들의 사랑하는 이가 죽었다는 것을 알지만 부분적으로는 죽음의 현실을 수용할 수 없게 된다.

마치 아무 일도 없었던 것처럼 고인이 문을 통해 걸어오리라고 상상하기도 하며 어떤 사람들은 과거처럼 침실을 그대로 유지하거나 고인이 같이할 수 있을 것처럼 미래의 계획을 세우기도 한다.

3) 분노

자신이 남겨지고 버려졌다는 감정을 갖게 만든 고인에 대해서, 또는 충분히 보살펴 주지 않은 의사나 간호사에게 분노의 감정을 가질 수 있다. 믿음을 가진 이들은 극심한 통증과 고통을 주신 신에게 노여움을 느낄 것이다. 이러한 분노는 또한 사랑하는 사람의 삶을 구하지 못한 자신에게로 향하기도 한다.

4) 죄의식

죄의식과 후회의 감정에서 자유로울 수 있는 사람들은 거의 없을 것이다. "좀 더 잘할 수 있었을 텐데"라는 말이 많은 사람들의 머리를 좀처럼 떠나지 않는다.

5) 슬픔

슬픔은 비탄의 감정 중 가장 피할 수 없는 것이다. 버려지고 혼자이며 두렵다고 느끼는 것은 당연한 것이다. 쇼크와 부정이 사라지고 노여움이 기력을 잃었을 때, 슬픔과 절망이 자리 잡게 된다. 심지어는 가장 간단한 집안일을 하기에도 힘이 거의 없게 되며 슬피 우는 이 하나의 과정은 끝이 없어 보이기도 한다.

6) 수용

시간만이 비탄을 치유해 주지는 않는다. 상실에 대한 인정과 고통의 경험이, 과거로 돌아가고자 하는 갈망으로부터 남은 가족을 자유롭게 할 것이다. 사랑하는 사람이 없는 생활을 수용하는 것은 미래에 대해 새로운 전망을 제시할 것이다. 수용은 잊는 것을 의미하기보다는 고인이 없는 새 삶을 창조하는 데 기억들을 이용하는 것이며, 새로운 관계와 활동을 추구함으로써 바뀔 상황을 희망해 보는 것이다.

7) 성장

비탄은 개인적인 성장의 기회이다. 비탄은 많은 사람들에게 있어 새로운 활동과 관계에 투자할 새로운 힘으로 이끌어 줄 것이다. 어떤 사람들은 그들의 상실에서 의미를 찾고 다른 사람을 도와줄 동기나 계획에 참여하기도 하며 어떤 사람들은 그들이 경험했던 고통의 결과로써 타인에게 좀 더 민감하게 되고 좀 더 풍부한 인간관계를 맺기도 한다.

또 어떤 사람들은 전부터 있었으나 알지 못했던 새로운 힘과 자립심을 발견하기도 한다.

2. 비탄을 경험할 때 스스로 돕는 법

비애하는 사람들은 다음의 두 가지 가운데 한 방법을 선택하게 된다. 하나는 고통을 피하고 다른 모든 감정들이 상실과 연합하여 지속되며 잊기를 갈망하는 것이다. 이것은 위험한 선택이다. 다른 하나는 비탄을 인정하고 치유와 성장을 찾는 것이다. 상실의 극복은 느리고 어려운 일이다. 성장이 가능하기 위해서는 그들이 경험한 것만큼 고통스럽게 떠오르는 모든 감정들을 스스로 수용하는 것이며 인내와 친절로 스스로를 이겨 내는 것이 필수적이다.

1) 고통 느끼기

비탄이 다른 감정이나 행동들보다 우선되어야 한다. 만약 비탄이 무시된다면 후에 방해를 받을 수 있는 고통이기 때문이다.

비탄에 시간표가 없다는 것을 인식해야 한다. 이것은 주기적이며, 따라서 몇 주, 몇 달 심지어는 몇 년 동안 감정들이 교차될 수 있음을 생각해야 한다. 때로는 예기치 않은 시간과 장소에서 나타날 때도 있다.

2) 슬픔에 대해 이야기하기

이야기를 들어 줄 친구들로부터 위안을 얻을 시간을 가지고 그들에게 당신이 상실에 대해 이야기하고자 함을 알려야 한다. 사람들은 어떤 반응을 보여야 할지 모를지라도 이해할 것이다. 그들이 주제를 바꾼다면 당신의 기억들을 나누고 슬픔을 표현할 필요가 있음을 설명한다.

3) 자신을 용서하기

언행에 있어서 후회되는 모든 일들을 용서한다. 또한 사별 과정 동안 느꼈던 분노, 죄의식, 당혹스러움에 대해 자신을 용서한다.

4) 잘 먹고 운동하기

비탄은 사람을 지치게 한다. 힘을 유지하기 위해서 균형 있는 식사의 유지는 필요하며 운동도 중요하다. 당신에게 적합한 일상생활을 찾아야 한다. – 친구들과 또는 혼자서 걷거나 자전거를 타며 산책하는 일 등 정신을 맑게 하고 신체를 상쾌하게 하자.

5) 자신을 기쁘게 하기

낮잠을 자고, 좋은 책을 읽고, 좋아하는 음악을 듣고, 화장을 하거나 영화감상을 하자. 기분을 전환시켜 주며 당신 개인에게 맞고 마음을 편안하게 해 주는 기쁜 일을 하는 것이 좋다.

6) 휴일과 기념일을 준비하기

많은 사람들은 이 기간 동안 특히 우울을 경험하며, 기일은 특별히 고통스러울 수 있다. 당신이 잘 견디고 성장했다고 생각할지라도 이러한 날들은 고통스러운 감정을 되살릴 수 있다. 편안한 친구들과 가족들과 함께 준비하면서 기념일을 특별하게 만들어 줄 활동을 계획하는 것도 좋다.

7) 도움을 구하기

사별 가족 모임은 당신의 감정을 인정하고 올바르게 이끌어 주는 데 도움을 줄 수 있다. 거기에 모인 이들은 당신이 혼자라는 감정을 경감시킬 수 있도록 도울 것이다. 비슷한 상황에 처했던 이들과 경험을 공유하는 일은 당신을 편안하게 하고 안심시킬 수 있다. 때때로 이 모임을 통해 새로운 우정이 생기게 되는데 심지어는 전에 가져보지 못했던 완전히 새로운 사회적 연결 체계가 되기도 한다. 슬픔의 정도가 크거나 장기간 동안 우울에 빠져 있다면 정신과 전문의나 전문 상담자의 치료를 받는 것이 현명할 것이다.

8) 자신을 위해 새 삶을 창조할 능동적인 활동 시작하기

필요한 만큼의 충분한 사별 기간을 가진 후 일단 새 힘을 얻으면 흥미 있는 일들을 찾는다. 단계를 두고, 지지할 만한 시간을 주며, 새로운 사람을 만나거나 새로운 일을 찾아본다.

3. 비탄에 잠겨 있는 사람들을 돕는 일

1) 슬퍼하는 사람과 만나기

관심을 보이고 걱정하는 마음을 나눈다. 이것은 신의 뜻이었다거나, 우리가 감당할 수 있는 것 이상을 신께서 주시지는 않는다고 말하거나, 더 이상 고통 받지 않을 거라고 말하는 것은 피한다. 당사자가 어떻게 느끼는지 안다고 말하기 보다는 다만 유감이며 들어줄 수 있다고 말한다.

2) 경청하기

슬퍼하는 사람에 대한 가장 좋은 선물은 기꺼이 들어 주는 것일 수 있다. 비난에 대한 두려움 없이 자유롭게 이야기하도록 해 주는 것은 건강한 기억을 되살리는 데 도움을 주며 치유의 중요한 부분이다. 당신이 슬픔을 해결해 줄 수 있다면 경청하는 것이 도움이 된다.

3) 어떻게 도울 수 있는지 물어보기

집이나 직장에서 할 수 있는 간단한 일을 맡는 것은 도움을 줄 뿐 아니라 종종 당신이 관심을 갖고 있다는 걸 재확인시켜 주는 것이다.

4) 휴일과 기일을 기억하기

이때가 비탄에 빠져 있는 사람들에겐 매우 어려운 시기이다. 혼자되지 않도록 하며 당신의 가정, 자신, 또는 평안함을 주는 어떤 것을 나누도록 한다.

5) 함께할 수 있는 활동을 제안하기

걷는 것, 자전거 타기, 또는 다른 운동들은 이야기할 수 있는 기회가 되고 지친 심신을 위해 힘을 주는 좋은 원천일 수 있다.

6) 새로운 활동과 새로운 친구들을 찾는 것을 도와주기

비탄에 빠진 사람들을 당신의 삶에 포함시킨다. 이들은 사회적 상황들에 다시 투입될 어떤 격려를 요구할 수 있다. 지속적으로 하되, 그들이 준비되기 전에 참여를 강요하지 않도록 한다.

7) 위험 신호들에 주의를 기울이기

고통 속에 있는 사람들의 증세에는 체중 감소, 약물 남용, 우울, 계속되는 수면 장애, 신체적 문제, 자살에 대한 언급, 그리고 개인위생의 결여가 포함된다. 이러한 증상들이 관찰되는 것은 이들이 전문적 도움을 필요로 한다는 것을 의미한다. 이런 경우 전문가의 도움을 제안하거나 가족구성원에게 제안할 수 있다.

4. 사별가족 유형별 지지

1) 자녀와 사별한 가족 지지

자녀를 사별한 부모는 자신이 기본적인 역할을 수행하지 못했다는 실패감을 느끼게 된다. 부모와 자녀 사이는 인간의 삶에서 가장 친밀한 관계이므로 자녀 사별로 인한 마음의 상처는 무엇보다도 고통스러운 경험이 된다. 또한 부모는 자녀 사별로 인한 2차적인 상실, 즉 자녀에게 가졌던 꿈과 희망과 자존감의 상실로 인해 괴로워하고 대신 죽지 못한 것에 대한 회한에 잠기게 되며 생존자로서 죄의식을 갖게 된다. 자녀 사별에 있어 가장 어려운 문제 중한 가지는 자녀의 죽음으로 부부 양쪽이 모두 충격을 받고 똑같이 곤혹스러운 상실과 슬픔에 직면하여 서로에게 지지자가 될 수 없고 원망과 분노의 감정에 빠질 수 있다는 것이다. 이와 같은 2차적인 상실 때문에, 부부는 슬픔과 상실과 적응이라는 부가적인 짐을 지게 되고 이런 문제들이 자녀와 사별한 부부들의 이혼율을 높이는 요인이 된다. 자녀를 사별한 부모가 가장 많이 경험하는 것은 죄책감이다. 자녀의 안전에 대한 책임감과 자녀의 고통과 죽음을 방지하지 못한 무력감에서 죄책감이 생길 수 있다. 자녀를 잃은 부모들이 갖기 쉬운 죄책감을 해소하기 위한 방법은 다음과 같다.

① 그 당시 상황의 사실성과 자신들의 실제적인 의도를 재검토하며 자신의 행동을 좀 더 긍정적으로 보도록 한다.
② 이웃을 돕거나 사회에 공헌하는 이차적인 노력을 통해서 죄책감을 완화시키고 전환시킬 수 있다.
③ 종교적인 신념은 부모가 자신들의 불완전함을 받아들이도록 도와주고 자녀의 죽음에 의미를 두게 하며 사후의 재회에 대한 희망을 품게 된다.

2) 배우자와의 사별 지지

다른 어떤 경우의 상실보다 배우자 상실의 후유증에 대해서 사회적인 관심도가 상대적으로 높은 것은 배우자 사별의 가능성이 많고, 특히 여성의 경우에 배우자 사별에서 오는 많은 문제점들이 생길 수 있기 때문이다. 그러나 육체적, 심리적으로 고통을 받기 쉬우며 미망인들은 사별 후 2, 3년째 되는 해에 극도의 위험에 처한다고 한다.

남성은 사별을 '분리'로 생각하는 경향이 있는 반면, 여성들은 '자포자기'의 느낌을 나타내는 경향이 있고, 남성들은 여성들보다 직접적이고 감정적인 슬픔을 표현하는 것을 어려워하고 자신들의 생각과 감정들을 정당화한다. 또한 여성들은 전통적으로 수동적 태도를 취하도록 사회화되어 사회에서의 새로운 역할과 친분관계의 형성이 부족한 경향이 있으므로 혼자된 여성들이 겪는 심각한 어려움은 외로움이다. 돌봐 주거나 사랑을 받아 줄 대상의 부재에서 오는 외로움, 이전의 생활 방식 또는 전에 죽은 이와 함께했던 활동에 대한 그리움에서 오는 외로움, 남편이 사망한 결과 지휘의 하락, 혹은 이전 생활 방식과 단절에서 오는 소외로서의 외로움 등이다. 배우자와의 사별을 지지하기 위한 방법은 다음과 같다.

① 사별한 배우자의 기능이나 역할을 파악하여 대신할 수 있도록 도와준다.

② 미망인 혹은 사별한 남편은 감정적으로 쇠약해지고 비현실적이고 불건전한 기대 사항들을 갖게 되므로 자녀와 적절한 관계를 유지하도록 도와준다.

③ 중년이나 노년의 미망인들이 할 수 있는 직업적, 사회적 기술들을 평가하고 조정해 주어 2차적인 상실을 예방한다.

④ 생존한 배우자들이 자립을 할 수 있도록 적절한 사회자원을 연결시켜 준다.

3) 부모와 사별한 아동에 대한 지지

사별에 대한 아동의 반응을 인식하고 이해할 수 있도록 도와주지 않는 것은 아동이 한 인간으로서 지니는 천부적이고 기본적인 권리를 부정하는 것이다. 어린 시절의 사별에 대한 슬픔의 과정을 충분히 마무리 짓지 못했을 경우에는 자기감정에 압도당하지 않으려고 스스로의 감정을 외면하고 포기하거나, 설명할 수 없는 슬픔을 간직한 채 일생을 보낼 수도 있다. 아이들은 부모의 죽음을 경험했을 때 종종 죄책감을 느낀다고 하며 어떤 식으로든 그들이 죽음을 가져왔다고 생각한다.

"내가 나쁜 마음을 품어서 아빠가 죽었을 거야." 또는 아이들은 죽음을 체벌로 생각하기도 한다. "엄마는 내가 나쁜 아이라서 나를 남겨 두고 죽어버렸어." 가까운 친척의 죽음이 우리들에게 분노의 감정을 유발하듯이 아이들은 특히 그들에게 사랑과 관심을 주었던 사람을 잃었을 때 죽은 사람에 대해 분노를 느낀다. 왜냐하면 자신을 너무 아프고 슬프게 하며 삶을 살아나가는 데 있어 자신을 혼자 두고 떠났기 때문이다. 부모와 사별한 아동을 위한 지지방법은 다음과 같다.

① 사별한 아이들이 겪는 문제는 어른들이 죽음에 관해 솔직하지 못하기 때문에 생기게 된다. 아동은 죽음을 두려워하지 않기 때문에 아동이 죽음에 대한 두려움을 갖게 되는 것은 그 두려움을 막아 주고자 하는 어른들에 의해 아이들에게 주입되는 것이다. 거짓되고 실제적이지 못한 정보는 아동을 보호하거나 돕고자 하는 어떤 의도가 있더 라도 나쁜 영향을 미칠 것이다. 아동에겐 어렵기는 하지만 피할 수 없는 사별의 경험 을 극복할 수 있도록 이해력의 수준에 따라 솔직하게 설명해 주어야 한다.

② 연령에 따른 슬픔 양상을 이해하고 수용해 주어야 한다.

－5개월에서 2년 반까지의 유아는 엄마의 부재에 반응하여 불명확한 고통을 계속 표현하는 데, 이는 엄마라는 특정인이 없어졌다는 사실에 부분적으로 반응하는 것이고 아기에게는 내면적으로 슬퍼하는 반응이나 슬픔의 감정이 아닌 예비 단계의 감정이 있을 뿐이다.

－2세에서 5세까지의 아동은 슬퍼하는 반응을 다양하게 나타낸다.

－5세에서 8세의 아동은 죽음과 죽음의 의미에 대한 인식력이 발달하고 죽음을 이해할 수는 있으나 대처 능력이 부족하기 때문에 정신적으로 상처받기 쉽다.

③ 사랑하는 사람의 사망 소식을 다른 누군가로부터 듣지 않도록 즉시 아동에게 말해 주 어야 한다. 시끄럽지 않게 조용조용 속삭이며 말을 하게 되면 바람직하지 못한 죽음의 메시지, 즉 비실제적인 무시무시한 것으로 전달하는 결과가 초래될 수도 있으므로 정 상적인 어조를 사용한다. 되도록 안정감을 가질 수 있는 친숙한 환경에서 아동과 가까 운 사람이 말해 주어야 한다.

④ 아동에게 슬픔을 느낄 수도 있고 이상한 감정을 갖게 될 수도 있음을 알려 주며, 이는 자연스러운 감정이며 영원히 계속되지는 않는다는 것도 알려 준다.

⑤ 아이들의 상징적인 언어를 이해해 준다. 즉 아동은 감정이나 기억들을 말로 옮기는 능 력이 부족하므로 행동이나 그림 그리기 또는 놀이를 통해 자신들의 슬픔을 나타내도 록 도와준다.

⑥ 아동을 장례식이나 기타 추모 의식에 참여시킨다. 죽음에 대한 예식과 중요한 행사로 부터의 고립은 아동에게서 자신의 감정에 대처할 수 있는 기회를 빼앗는 것이며 자신 이 버려졌다는 생각을 갖게 된다.

참고문헌

가톨릭대학교호스피스교육연구소(2006), 『호스피스 완화간호』, 군자출판사.

김분한(2007), 『일반인을 위한 호스피스 교육』, 퍼시픽출판사.

노유자 · 한성숙 · 안성희 · 김춘길(1994), 『호스피스와 죽음』, 현문사.

류종훈(2006), 『호스피스 케어 실천론』, 은혜출판사.

이종석(2004), 『죽음과 호스피스 케어』, 이레닷컴.

최순영 · 김춘미 · 박순옥 · 문진하 · 백훈정(2002), 『호스피스』, 현문사.

한국호스피스협회(2010), 『호스피스 총론』.

호스피스전문간호사교육기관협의회(2007), 『호스피스 전문간호사 실습교육지침서』, 정담미디어

PART 10
자원봉사자의 역할 및 자세

자원봉사자의 역할 및 자세

1. 호스피스와 자원봉사

호스피스는, 불치의 질병으로 죽음을 맞는 이들에게 죽음에 이르는 순간까지 삶에 대한 인간의 존엄성과 삶의 질을 높여 주면서 임종 시까지 편안히 살 수 있도록 인간적인 도움을 주고 죽음 자체를 영원한 생명을 다가가게 도와주는 것을 의미한다.

즉 암을 비롯한 치료가 불가능한 말기환자들이 임종을 맞는 순간까지 그들의 고통을 완화시켜 주고 인간다운 삶의 질을 유지시켜 주며 편안한 삶을 유지할 수 있도록 신체적, 정신적, 사회적, 영적 등 모든 영역에서 도우며 가족들의 어려움도 덜어 주면서 죽음을 맞이할 때 죽음 자체를 영적인 삶의 일부로 받아들여 하나님나라에 대한 희망을 심어 주고 사별가족의 고통과 슬픔을 덜어 주는, 전인적인 돌봄을 의미한다.

이러한 역할은 치유에 직접 참여하는 의사 및 간호사를 비롯하여 가족들, 성직자와 수도자, 따뜻한 마음과 믿음을 간직한 사람들로서 자원하여 이들을 돕는 데 참여하는 호스피스 자원봉사자들을 통해 이루어진다.

2. 호스피스 자원봉사자의 역할

1) 죽음과 죽음에 대비한 도움

호스피스 활동의 가장 성공적인 역할은 임종자의 손을 잡고 희망의 나라로 넘겨주는 행동이다. 임종을 앞에 둔 환자와 가족들이 겪는 가장 큰 문제는 바로 죽음에 대한 두려움이다. 이러한 두려움을 해소하는 최선의 방법은 죽음에 대한 생각이 바뀌도록 많은 대화와 확신을 전해 주는 것이다. 자기의 생명에 대한 상실된 자신력으로부터 과감하게 탈피하도록 설명을 해 주어야 한다.

이 세상의 모든 태어남은 죽음을 전제로 태어나는 것이다. 그럼에도 불구하고 우리의 생각은 죽음이야말로 이 세상의 끝이며 마지막이고 더 이상 아무것도 없이 덧없게 되는 것이라는 고정관념에 젖어 있다. 심지어 나쁜 사람이 받는 최고의 벌을 죽음이라고 생각하기도 한다. 흔히 죽음 이후의 삶에 대한 의문은 죽음 그 자체가 이 세상의 끝이라는 생각으로부터 출발한다.

새 생명이 태어나는 것만큼 죽음도 신비스러운 자연현상이다. 태어나기만 하고 죽지 않는다는 것은 절대로 있을 수 없는 일이다. 다만, 자신의 죽는 순간이 언제인지 모른다는 점이 우리를 불안하게 만들 뿐이다.

그러나 언제일지 모르는 죽음을 기다리며 사는 삶이란 당당하지 못한 대단히 안타까운 순간일 뿐이며 좌절하기 쉽다. 어떻게 보면 태어나는 순간만 많은 사람들로부터 축복을 받아야만 할 것이 아니라 죽는 순간도 동등하게 축복을 받아야 한다. 죽음을 마치 천덕꾸러기 혹은 헌신짝 취급하듯이 해서는 안 된다. 그리고 두려워서 피해 가지 말아야 한다. 삶이 축복이라면 죽음 역시도 큰 축복이다.

즉, 삶과 죽음 모두가 큰 축복이다. 긍정적인 삶이란 살아 있음과 죽음이라는 것을 동등한 의미로 보는 것이다. 죽음을 앞둔 삶을 사랑의 삶으로, 임종의 순간을 최고의 정, 즉 사랑의 실천으로 극복해야 한다.

임종과정에서 봉사자와 환자는 함께 최고의 사랑을 보여 주어야 한다. 이는 죽음이 죽음으로서가 아니라 사랑의 표현임을 보여 주는 축복의 한 순간으로 인식해야 하기 때문이다. 이러한 생각을 가지고 호스피스 자원봉사자는 임종자의 손을 잡고 영원한 나라로 사랑하는 형제자매를 넘겨주는 역할을 하게 된다.

2) 임종환자에 대한 봉사

임종환자는 죽음을 맞는 순간까지도 육체적 아픔이 크기 때문에 이러한 아픔이 완화되도록 최대한 도움을 주는 것을 사명으로 한다. 인간의 능력으로는 치료에 한계가 있으므로 더 이상 치료의 효과를 기대할 수 없는 상황일지라도 이들은 치료를 포기하는 것이 아니며, 적극적인 통증조절과 호흡곤란을 돕기 위한 산소공급, 최소한의 포도당이나 수분공급 등의 진료행위를 함으로써 최대한 고통 없이, 그리고 평소의 모습을 곱게 간직하도록 하고 고통을 덜기 위해 해열제 사용, 변비 해결, 복수 조절과 같은 의료행위를 계속 해 주고, 정성 어린 돌봄으로써 그들에게 육체적 그리고 정신적 도움이 되고자 최대한 노력을 기울인다.

이러한 환자들은 삶에 대한 절망과 죽음에 공포 속에 나약한 상황으로 처하기 때문에, 정신적 고통을 덜어 주는 역할이 더없이 중요하며 이 분야에 일익을 담당하는 것이 호스피스 자원봉사자라 할 수 있다. 따라서 호스피스 자원봉사자는 임종환자의 삶에 대한 의지를 심어 주는 데 인간적인 도움을 주는 역할을 해야 한다. 환자의 수발 등 간병과 같은 단순한 봉사가 아니라 마음을 나누는 생명의 동반자 역할을 해야 한다. 그들의 삶이 존중받는다는 인식을 심어 주기 위해 아낌없는 관심과 나눔 그리고 친교 등의 배려하는 모습을 보여야 한다. 그리고 사회적으로 고립되어 있지 않고 항상 이웃이 함께한다는 모습을 보여 주고 밝은 모습으로 힘이 되어야 한다. 그분들이 인간적인 생활을 변함없이 하고 있다는 것을 느낄 수 있도록 일상생활에서 그들을 정성껏 도와주고 신체관리, 환경유지 등 참 삶의 모습을 갖도록 혈육 내지는 일상을 함께하는 이웃과 같은 도움으로써 그들이 소외되지 않고 외롭지 않으며 많은 사랑을 받고 있다는 느낌을 가질 수 있다. 그리고 영원한 삶에 대한 영적 지도를 끊임없이 해 줌으로써 그들이 인간다운 품위를 유지하고 죽음에 순응하며 영원한 세계에 대한 새로운 희망을 갖도록 해야 한다.

3) 임종환자 가족에 대한 봉사

호스피스 자원봉사자는 임종환자뿐만 아니라 그 가족이 겪는 고통도 덜어 주고, 가족들도 하느님 나라에 대하여 긍정적으로 받아들일 수 있도록 도와야 한다.

한 가족처럼 접근해서 고통을 나누고 그들을 위로하고 격려하며 애로사항을 해결하는 데 조그마한 도움이라도 주면서 그들의 정신적 아픔을 덜어 주고 환자의 일상 관리를 위한 가족들의 관리적 부담을 분담해 주며 그들에게서 슬픔을 덜어 주고 희망과 용기를 심어주는 데 마음을 써야 한다.

무엇보다도 이들에게 정신적인 안정을 주기 위한 끊임없는 노력이 필요하다. 호스피스 자원봉사자의 마음은 늘 깨어 있어야 하며, 행동은 사랑의 마음을 열고 환자가 어떤 요구를 하기 전에 눈으로 잘 보고 마치 어머니가 말 못 하는 갓난아기를 돌보는 것과 같이 미리미리 챙겨 주는 것이 바람직하다.

임종환자들은 건강할 때처럼 말로 표현하기가 거의 불가능하므로 환자의 평소의 성품이나 기호 등을 가족들로부터 파악하여 미리 알아서 도와야 한다.

그리고 호스피스 자원봉사는 인종, 국적, 종교, 경제여건, 신분적 지위 등 모든 분야에 차별을 두지 말고 누구에게나 순수한 도움이 베풀어지도록 해야 한다.

참고문헌

가톨릭대학교호스피스교육연구소(2006), 『호스피스 완화간호』, 군자출판사.
김분한(2007), 『일반인을 위한 호스피스 교육』, 퍼시픽출판사.
노유자·한성숙·안성희·김춘길(1994), 『호스피스와 죽음』, 현문사.
류종훈(2006), 『호스피스 케어 실천론』, 은혜출판사.
백승균(2004), 『호스피스의 철학』, 계명대학교 출판부.
이종석(2004), 『죽음과 호스피스 케어』, 이레닷컴.
최순영·김춘미·박순옥·문진하·백훈정(2002), 『호스피스』, 현문사.
한국호스피스협회(2010), 『호스피스 총론』.

PART 11

호스피스 팀원의 스트레스 관리

호스피스 팀원의 스트레스 관리

1. 호스피스 봉사자가 받는 스트레스

호스피스 환자를 돌본다는 것 자체가 구성원에게는 커다란 스트레스 요인으로 작용한다. 즉 죽음을 앞둔 환자와 고통받는 환자의 가족을 지속적으로 돌본다는 것은 호스피스 봉사자들에게 사실 큰 부담이다.

1) 외적 요인에 의한 스트레스

봉사자가 환자를 만나 돌보게 되면서 정이 드는데 이때 환자가 죽으면 슬픔과 상실감에 빠질 수 있다. 그 마음이 아직 회복되기도 전에 또 다른 환자가 돌아가시게 되고 이런 과정이 반복되면 스트레스가 된다.

(1) 환자의 고통과 죽음 앞에서 아무것도 해 줄 수 없다는 것에 대한 실망감

봉사자들뿐 아니라 누구든지 자신이 남에게 큰 도움이 되기를 바라며 도움이 클수록 그만큼 보람도 크게 느끼게 된다. 그러나 사실상 호스피스 봉사자가 죽음을 앞둔 환자에게 해 줄 수 있는 것은 극히 제한적일 수밖에 없다는 것을 느꼈을 때 봉사자는 힘이 빠질 수밖에 없다.

(2) 환자와 그의 죽음을 보면서 죽음에 대해 불유쾌한 감정 발생

사람들은 평소 자신도 죽음을 맞게 될 것이라는 사실을 잊고 산다. 그러나 돌보는 환자는 모두 죽음에 임박한 사람이고 또 죽음을 맞이하기도 한다. 이때 봉사자는 "나도 이 환자처럼 언젠가 죽게 될 텐데……" 하는 생각과 함께 닥쳐올 자신의 죽음을 생각하게 되고 인간의 가장 원초적인 불안인 죽음에 대한 공포가 봉사자에게 다가올 수 있다.

(3) 환자와의 의사소통이 원활하지 못하는 데서 느끼는 스트레스

가족이나 장기간 동안 환자를 돌보던 사람에게 있어서는 어느 정도 환자와의 의사소통이 가능하지만 봉사자들에게 있어서는 그 환자의 의사를 바로 전달받을 수 없는 경우가 많이 있다. 환자의 고통과 요구사항을 바로 알아차리지 못하고 적절한 도움을 줄 수 없다는 것에 따르는 안타까움도 봉사자들에게는 스트레스가 될 수 있는 요인이 된다.

(4) 고립감

처음 봉사하러 갔을 때 흔히 느낄 수 있는 감정으로 고립감을 들 수 있다. 교육 때 배운 대로 환자의 케어 방식에 대한 나름대로의 생각을 가지고 마음을 단단히 먹고 병실에 들어가지만 막상 환자를 대할 때 어찌할 바를 모르고 서먹할 때가 있기 마련인데, 간호사나 선배 봉사자들이 어떤 일을 하라고 미리 말을 해 주면 편하겠지만 모두들 바쁘게 움직이고 있고, 자신만이 멍청히 서서 마치 꿔다 놓은 보릿자루 같은 느낌을 가지게 된다.

(5) 환자의 가족, 또는 환자의 간병인들로부터 오는 갈등

환자에게 어떠한 말, 어떠한 행동을 하려고 했을 때 그 환자의 보호자나 간병인으로부터 제지 또는 핀잔을 들었을 때에도 스트레스를 느끼게 된다.

(6) 봉사자 본인의 가족으로부터 오는 갈등

호스피스 봉사자는 친구나 친지들로부터 이러한 비난을 받는 경우가 있다.

"병들어 누워 있는 자기 시어머니는 거들떠보지도 않으면서 엉뚱한 사람들에게 호스피슨가 뭔가를 한다며 항상 나돌아 다닌다."

이런 말을 듣거나 남편이나 자식들로부터 화살이 날아오는 경우도 많다. 이러한 것들 역시 스트레스의 요인이 된다.

(7) 동료들 간에서 느끼는 갈등

2) 내적 요인에 의한 스트레스

(1) 성격의 특성상 오는 갈등

완벽주의적인 성격, 이상주의적 성격, 자학적인 성격, 열등감이 심하고 자아 존중감이 없는 성격은 스트레스에 민감하다고 볼 수 있다. 자신이나 동료에 대한 기대 수준이 무리하게 높고, 지나치게 높은 기대 수준은 좌절감과 실망을 불러일으키기가 쉽다.

(2) 이상적인 환상에서부터 오는 현실과의 괴리에 따르는 갈등

이상주의자들이 호스피스 업무에 매력을 느끼고 모여든다는 보고가 있다. 호스피스 봉사를 통하여 천사의 이미지를 갖고 싶은 것이다. 그러나 낭만적인 기대나 이상주의는 실망과 좌절감으로 이어지기 쉽다. 이 외에 치료자의 건강문제, 사생활의 고민, 전문지식의 부족, 경제적인 곤란 등을 들 수 있다.

2. 호스피스 봉사자의 스트레스 증상

① 기계가 그 자체의 탄력의 한계를 넘는 압력을 받게 될 때 고장이 나듯이, 인간도 자신의
   적용능력 이상의 불안이 주어지는 사건이나 스트레스를 받으면 정신 병리가 나타난다.
② 피로를 쉽게 느끼며 불면증이 온다.
③ 일상의 사소한 일도 걱정하고 불안을 느끼고 인내심이 저하(신경질을 잘 내고)되며 남
   의 탓을 잘하게 되고 환자를 잘 돌보지 못하고 있다는 죄책감에 빠져들기도 한다.
④ 기진맥진한 상태로 의욕 상실을 느끼게 되고, 모든 일에 흥미를 잃어 입에서 나오는
   말은 항상 부정적일 수밖에 없다.

3. 호스피스 봉사자의 스트레스 관리 및 대처 방안

1) 봉사와 자신의 스트레스 관리

적절한 휴식과 기분 전환의 시간을 가진다. 이때 당분간 호스피스에 대해서 생각하지 않
는 것이 좋다.

2) 바른 시간 관리

시간을 적절히 활용하여 중요한 일이나 급한 일을 먼저하고, 하고 싶은 일은 그다음에 하
는 것이 바람직하다.

3) 적정량의 일

마음의 분주함은 욕심 때문일 수 있다. 물론 이기적인 욕심, 자기의 이익을 위한 욕심이 아
닐지라도 일에 대한 지나친 욕심과 의욕은 자칫 부정적인 상황으로 이끌어 갈 공산이 크다.

4) 상대방의 입장에서 생각

호스피스 봉사는 동료와 같이 서로 지지하면서 서로 개방된 마음으로 하는 것이 중요하다. 내 방식만의 케어를 고집한다거나, 나의 신앙적, 윤리적인 신념에 따라 독선적인 방법으로 나아간다면 스스로를 포함 다른 봉사자들에게도 스트레스를 줄 수 있다.

5) 신체운동, 적절한 영양 섭취와 충분한 수면

6) 개인적인 지지 체계 구성

개인적인 도움을 받을 수 있는 방법을 개발하는 것이 중요하다. 가정이나 팀원 중에 적절한 후원을 해 줄만한 사람을 찾거나 여의치 않으면 전문가, 친구 등 자신의 문제를 상의할 수 있는 누군가를 만드는 것이 바람직하다.

참고문헌

가톨릭대학교호스피스교육연구소(2006), 『호스피스 완화간호』, 군자출판사.
김분한(2007), 『일반인을 위한 호스피스 교육』, 퍼시픽출판사.
노유자 · 한성숙 · 안성희 · 김춘길(1994), 『호스피스와 죽음』, 현문사.
류종훈(2006), 『호스피스 케어 실천론』, 은혜출판사.
백승균(2004), 『호스피스의 철학』, 계명대학교 출판부.
이종석(2004), 『죽음과 호스피스 케어』, 이레닷컴.
최순영 · 김춘미 · 박순옥 · 문진하 · 백훈정(2002), 『호스피스』, 현문사.
한국호스피스협회(2010), 『호스피스 총론』.

PART 12
임상미술치료

임상미술치료

1. 임상미술치료란

　최근 국제보건기구(WHO)에서는 건강에 대한 정의를 종래의 "건강의 상태는 육체적·정신적·사회적으로 건강함을 말한다."에서 "육체적·정신적·사회적으로 건강할 뿐만 아니라 영적으로도 건강해야 참으로 건강하다고 할 수 있다."고 새롭게 규정하였다. 지금까지의 의학은 '병 중심의 의학'이었기 때문에 질병과 건강관리는 주로 의료인들의 손에 맡겨왔으나, 21세기에 접어들면서 '건강 중심의 의학'으로 그 축이 옮겨지고 있으며, 이러한 추세에 편승하여 제도권 의료계 밖의 많은 비의료인들이 건강증진에 관한 연구와 시술에 참여하는 현상이 확산일로에 있다.

　최근 의료계와 일반인들 사이에서 대체의학이라는 말이 자연스럽게 사용되기 시작했다. 대체의학은 이제 그 개념과 원리에서뿐만 아니라 임상치료에서 부작용이 없거나 적은 전인적 치유가 가능함을 보여 줌으로써 일반 의학계에서도 여러 치료법을 채택하고 있으며 현대 의학의 흐름에 새로운 방향을 제시하고 있다.

　대체의학이란 한마디로 인간의 온갖 질병과 고통을 자연의 치유능력에 맞추어 조율해 주고 복원시켜 주는 의학이다. 그러기 위해서는 인체의 면역 기능과 회복능력을 증강시켜 주는 여러 가지 자연적인 접근방식을 동원하게 되며, 환자를 전체성을 가진 인간으로 보고 그 신체적인 병변부위에만 치중하는 치료가 아니라 정신적, 사회적, 환경적인 부분까지 관찰하여 조화를 이루게 하는 치료를 행한다. 대체의학은 현대 의학의 급속한 발전에도 불구하고 많은 사람들이 고통을 겪고 있는 불치병이나 난치병을 극복하기 위한 대안적인 의학으로 발전해 왔다. 대체의학의 치료법에는 식이요법, 생약요법, 자연요법, 운동치료, 예술치료 등 여러 가지가 있으며, 이 중 예술치료 중의 하나인 미술치료는 스트레스 완화를 위한 심신의학으로서 갈수록 비중이 높아지고 있다.

심신의학치료법의 하나인 미술치료는 예방적 효과뿐만 아니라 치료에 대해 자신이 컨트롤할 수 있는 능력을 길러 준다. 또한 심신이완 등을 통해 스트레스를 완화시키므로 정서상태 및 신체상태가 함께 개선됨을 볼 수 있다. 마음 상태와 면역의 상관관계는 치료효과에서 차이가 난다. 그 예로, 환자의 마음이 안정될 경우 호흡수의 감소, 피부 전도력 감소, 뇌파 상에 알파리듬 증가, 대뇌와 후뇌의 혈류증가, 다양한 호르몬 분비의 변화 등에 관한 많은 연구가 있다. 또한 감정을 잘 표현하는 환자의 경우 세포의 분열도 늦고, 림프구 수도 훨씬 많았다는 보고도 있다. 예술 창작 활동을 통해 환자의 감정을 표현하고, 심리적 안정을 취하는 것은 면역성 강화에 도움을 준다.

미술치료는 환자가 예술작품을 감상하거나 스스로 창작이나 생산을 체험하는 활동을 통해 내면의 감정을 노출시키고 표현함으로써 이완 효과를 얻고, 그에 따라 치유에 이르는 치료법이다. 미술치료는 그 자체로 적극적인 치료법으로 볼 수는 없지만 심신에 안정을 줄 수 있고 특히 삶 자체를 다시 바라보게 하며 희망을 줄 수 있기 때문에 만성병 환자, 암 환자, AIDS환자, 정신병 환자 등에게 효과가 있다.

또한, 미술치료는 심신의 어려움을 겪고 있는 유아, 아동, 성인, 노인에 이르기까지 모든 사람들을 대상으로 미술활동, 즉 회화, 조소, 공예, 디자인 기법 등을 통해서 그들의 심리를 진단하고 치료하는 방법이다. 흔히 환자에게 자유롭게 그림을 그리게 하여 무의식의 내용을 표현하게 한 후 환자 스스로 그것이 무엇이라는 것을 깨닫게 만들고, 미술치료사가 그림을 해독하면서 환자에게 적당한 조언을 해 주는 방법이 가장 일반적이다.

종전에는 사람의 생리적 상태를 '건강과 질병'이라는 상대적이며 이분법적인 사고로 구분하였으나, 근래에는 건강과 질병 사이에 '불건강(不健康) 또는 미병(未病)'이라는 개념을 등장시켰다. "건강은 잃었으나 아직 병이 아닌 상태"가 곧 불건강/미병이라는 뜻이다. 이러한 불건강의 상태를 극복하는 것이 '참 건강(Well Being)'인데 기존의 정통적(正統的, conventional) 제도권 의학은 질병을 찾아 제거하는 방향에서는 놀라운 발전을 이룩하였으나 "참 건강(Well Being)을 챙겨 준다"는 측면에서는 많은 한계점을 느끼게 되었다. 참 건강을 달성하기 위한 수단으로서 각 문화권에 전래되어 오는 전통의학(傳統醫學, Traditional Medicine)과 민간

요법(民間療法, Folk Medicine)이 의료계 표면에 등장하게 되었고, 이들 전통의학과 민간요법을 통틀어 연구대상으로 삼는 의학이 보완대체의학(補完代替醫學, Complementary Alternative Medicine)이다. 보완대체의학의 주된 치료 대상이 불건강(미병)이며, 치료 목표가 '참 건강(Well Being)의 달성'이다. 보완대체의학의 중요한 부분인 임상미술치료가 바로 이 부분에서 특정한 역할을 담당하게 된다.

'참 건강'에 대한 정의도 종전의 "육체적으로 건강하고 정신적으로도 건강하고 심리적으로도 건강해야지" 하던 관점에서 "사회적으로도 건강해야지"가 추가되었었으며 최근에는 "영적으로도 건강해야 한다."는 영적(靈的, spiritual)인 측면이 추가되었다. 이것이 전 세계적으로 보완대체의학에 대한 관심을 자극하고 연구열을 고조시키는 계기가 된 것이다. 이러한 세계적 추세를 배경으로, 임상미술치료가 신체적·정신적·심리적·사회적·영적 측면을 모두 아울러 평가하고 다스려 줄 수 있다는 점에서 '참 건강(Well Being)'을 이루려는 보완대체의학의 중요한 일부로 부각되었다.

미술치료는 지난 30여 년간 제도권의 정통의학체계 내에서 특히 정신의학이나 재활의학 분야에서 임상적으로 응용하고 있었기 때문에, 이미 제도권 의료체계에 접목이 되어 있었다고 할 수 있으며, 임상미술치료의 응용과 연구의 범위가 더 넓게 확대되어 보완대체의학 영역까지도 아우르게 되었다. 미술치료는 서양의학, 동양의학, 보완대체의학 모두에서 임상적 응용의 잠재력과 연구의 가능성을 이미 제시한 상황이기 때문에 모든 의학을 융합하는 통합의학의 일부로서의 중요한 역할이 전망된다.

임상을 바탕으로 한 미술치료에 대한 올바른 연구결과와 지식을 습득함으로써 각자가 자기 분야에서 돌보는 환자들에게 올바른 치료 방향과 지침을 제시해 줄 수 있도록 해 줄 것이다. 구체적인 예를 들면 미술치료는 재활의학 분야에서 뇌졸중 환자, 신경 마비 환자, 인지능력 장애 환자, 관절염 환자, 뇌성마비 어린이 환자에게 임상적 도움을 줄 수 있고, 소아의학 분야에서 발달 장애, 정신 지체, 과잉 행동 장애, 집중력 장애, 자폐증 어린이와 가족에게 임상적 도움을 제공하고, 정신의학 분야에서 정서불안, 사회적응 불안, 우울증, 정신질환 등의 환자에게도 임상적 도움을 주며, 그 이외에 암 환자, 만성 통증 환자, 각종 난치병 환자 관리에도 임상적 도움을 제공해 준다. 여기서 말하는 임상적 도움이란 해당 질병의 치유과정을 촉진시키는 효과를 내거나 그 질병과 관련된 증상의 호전 효과를 의미한다.

인간의 질병을 신체적뿐만 아니라 전인적으로 보는 의학계의 움직임을 주시해 볼 때 마음을 다스려 건강을 지키는 심신의학의 한 부분에 있는 미술치료는 통합의학에 대한 관심이 증폭되면서 건강중심 'Well-Being'을 중심으로 이루어지고 있다. 현대인들의 정신적인 면을 치유하는 미술치료는 병원 간의 진료서비스에 대한 경쟁력이 늘면서 환자의 입장에 서서 삶의 질을 향상시키는 미술치료가 도입되고 있다.

임상미술치료는 문자 그대로 의료진과의 연계 속에서 환자를 접하고, 미술을 통하여 심신의 상태를 파악하며, 미술을 이용하여 질병이나 증상의 호전을 도모하여 나아가 건강증진을 추구하는 치료이다.

2. 임상미술치료의 의의

미술치료는 왜 하는 것이며, 어떠한 효과를 얻을 수 있으며, 어떠한 장점을 지니고 있는가 하는 점을 열거하면 다음과 같다.

1) 미술치료는 말로 표현할 수 없는 것을 표현한다.

미술은 치료자와 환자 간에 언어적, 비언어적 대화를 하도록 도와준다. 미술을 통한 표현이 그들의 상태를 제대로 알릴 수 있게 하고, 아픔뿐 아니라 자신의 강점, 단점, 능력까지 보여 주도록 한다. 환자의 그림은 환자의 상태를 이해하는 데 도움이 된다.

2) 미술치료는 카타르시스(Catharsis, 감정적 해방)를 가져온다.

미술치료는 창작 활동을 하면서 괴롭고 고통스러운 감정으로부터 안도감을 주는 정화를 가능하게 한다. 특히 미술작품을 하는 동안에 생리학적인 반응도 뒤따른다. 인간의 창조적인 활동은 우울과 관련이 있는 뇌의 세로토닌의 분비를 증가시키고, 미술표현을 통해 내적 안정과 평안을 찾기 위한 명상처럼 미술을 경험한다.

3) 미술은 환자의 생각과 느낌을 깊게 해 주며, 치료자가 더 깊이 있게 파악하도록 돕는다.

적절하게 잘 선택되고 제시된 주제는, 환자로 하여금 그 주제를 중심으로 생각할 시간을 갖게 하고, 그 주제에 대해 준비할 수 있게 해 준다. 환자는 그림을 그리는 동안 생각과 느낌이 깊어지며, 그림을 그리고 나서 치료자와 상호작용할 때 더 깊은 수준까지 갈 수 있게 된다. 미술은 환자의 생각이나 느낌뿐만 아니라 무의식 상태까지 알려 주어 환자의 병리나 문제에 대한 하나의 자료가 되며, 치료 과정에서 환자의 치료 진행과정 정도를 알아보는 효과적인 비교 준거를 제공한다.

4) 환자가 미술을 즐기게 되면 긴장이 완화되고 치료과정에 더 깊이 몰입하게 된다.

익숙하지 않은 환경에 노출되어 심리적으로 위축되고 긴장해 있는 환자가 처음 평가를 받으러 오는 상황일 때 환자에게 민감할 수 있는 치료적 사안들을 이야기한다는 것이 결코 쉽지도 않으며 생산적인 대화가 잘 이뤄지는 것도 아니다. 이때 미술은 그것이 지닌 유희적 속성과 친밀감 때문에 환자가 덜 불안해하고 상황을 덜 무섭게 느끼게 됨으로써 치료자와의 작업을 보다 몰입할 수 있게 해 준다.

5) 미술은 실제 행동이고, 시간이 흘러도 보존되는 구체적 결과가 있다.

미술작업은 실제 행동이므로 뒤돌아서더라도 결과가 남아 있다. 자신의 문제와 고통에 익숙해져 버린 환자들은, 자신에게 일어난 작은 변화를 놓치거나 간과하기 쉽다. 이때 지치고 피곤한 환자에게 자신의 변화과정을 시각적으로 제시한다는 것은 매우 중요한 일이다. 이렇듯 뚜렷이 보이는 변화는, 환자가 다시금 희망을 가지고 끝까지 치료 작업을 해 나가도록 격려하게 된다.

6) 미술활동은 개인이 적극적으로 참여하는 활동이다.

환자가 행하는 미술 활동은 작품을 구성하고 배열하고 혼합하면서 만지게 되고, 풀칠하고, 붙이고, 색칠하고, 형태를 완성하는 등의 참여적 행동인 것이다. 자신의 손으로 직접 무엇인가를 만들고 독특한 어떤 것을 만들 수 있다는 것을 깨닫는 창조과정(Creative Process)은 명백한 치료의 장점을 가진 효과적인 경험이다

7) 미술은 자존감(Self-Esteem)을 높여 주고 통제력을 키워 줘 삶의 질을 향상시킨다.

미술치료 환자들 중의 다수가 자기 자신의 작품에 대한 가치를 새롭게 깨닫곤 한다. 처음에 환자들은 자기 작품이 예쁘지 않으면 어떻게 하나 걱정을 많이 한다. 그러다가 차츰 치료를 해 나가면서, 중요한 것은 사물의 묘사 능력이 아니라 작품이 갖는 의미라는 사실을 알게 된다. 이것이야말로 미술치료를 통해 얻을 수 있는 매우 귀한 경험이 되는 것이다.

3. 임상미술치료의 적용

미술치료는 우리나라의 경우, 일반적으로 정신과적 질환에 국한시켜 특정 질환자나 특정 과에서만 사용되는 것이라 생각한다. 그러나 다양한 질병에서 심리적 안정, 면역성 강화 및 환자의 삶의 질 차원에서 적용될 수 있다. 발달장애, 정서장애, 행동장애, 언어장애, 공황장애, 학습장애, 틱장애, 게임중독, ADHD 등 소아질환과 불안, 우울증 등의 정신신경계 질환자들과 치매환자, 중풍 등 재활의학과, 악성종양질환의 재활 및 심리치료 등에 효과적으로 이루어지고 있을 뿐만 아니라 산부인과 질환, 산전/산후 산모 클리닉, 외상 후 심리적 안정을 요하는 어린이, 청소년, 일반인 등에게 적용될 수 있다. 특히 어린아이들로부터 청소년, 중장년층 및 노인에 이르기까지 크고 작은 통증들과 함께 생활하고 있는 요즈음 이에 대한 미술치료의 적용은 많은 효과를 가져올 수 있다.

특별한 원인이 없이 항상 찾아오는 두통 또는 편두통, 과중한 업무에 파묻혀 지내고 있는 직장인 다수가 겪고 있는 어깨통증, 요통 등 그리고, 심각한 질병으로 인해 투병생활을 하며 견딜 수 없는 아픔에 눈물을 흘리고 있을 많은 이들이 통증에 힘들어하고 있다. 이렇게 다양한 형태의 통증이 있다 하더라도, 통증은 기본적으로 주관적인 감각이며 느낌이다. 한 개인이 감지하는 통증이란 그 개인이 지닌 정신적·정서적·심리적 상태에 따라, 비록 같은 정

도의 손상에서 오는 통증이라도 다른 사람에 비해 더 느끼기도 하고 덜 느끼기도 하게 된다. 유소년기의 성장환경, 현재의 생활환경, 사회의 적응능력, 영적 생활환경 등도 각 개인의 통증 감지 정도에 영향을 끼친다. 따라서 한 개인이 경험하는 통증은 그것이 감각으로서의 통증이든, 증상으로서의 통증이든, 고통으로서의 통증이든, 형태로서의 통증이든, 그 개인의 정신·심리·정서 상태에 변화를 주는 치료적 중재는 그 개인의 통증 감지 정도에 확실한 영향을 준다.

미술치료에 관한 가장 흔한 질문은 "미술 행위가 어떻게 질병을 치료하는 효과를 낼 수 있느냐"는 것이다. 미술치료에 있어서는 아스피린 두 알을 먹으면 열(fever)이 떨어지고, 항생제 주사 한 대를 맞으면 염증이 없어지는 것과 같은 일차적이고 직접적인 치료효과를 노리는 것은 아니다. 광범위한 심신의학의 차원에서 몸의 질환이 마음에 영향을 끼치고, 마음의 비정상(disorder)이 몸에 영향을 끼친다는 심신 상관관계의 틀 속에서 임상효과를 기대하고 있는 것이다.

미술작품 제작과 같은 창조적인 활동을 하는 동안 신체에 실제로 긍정적인 변화를 만들어 내어 불안이나 공포의 감정을 개선하는 신경전달 물질인 세로토닌의 양이 증가한다. 따라서 미술치료는 스트레스의 감소, 증상에 대한 감정을 전달하는 능력의 증가, 공포나 불안의 감소 등의 많은 이점과 더불어 감지되는 통증의 강도를 약화시키는 역할을 한다.

4. 임상미술치료의 방향

치유예술(Healing Art)이라는 의미에서의 의(醫)를 위한 수백 가지의 요법 중의 하나인 미술치료는 지난 30여 년간 제도권의 정통의학체계 내에서 특히 정신의학이나 재활의학 분야에서 임상적으로 응용하고 있었기 때문에, 이미 제도권 의료체계에 접목이 되어 있었다고 할 수 있으며, 임상미술치료의 응용과 연구의 범위가 더 넓게 확대되어 보완대체의학 영역까지도 아우르게 되었다.

임상미술치료는 신체 생리적인 전반적인 기능을 향상시켜 주어 고통을 감소시키며 극복할 수 있도록 도와주며, 스트레스를 감소시키며, 다양한 감정을 표현하도록 하여 심리적 방어나 어려움을 감소시키는 역할을 한다. 그리고 사회적인 측면에서는 친밀감이나 수용 능력을 자극하고 고립감을 줄여 준다.

미술치료는 서양의학, 동양의학, 보완대체의학 모두에서 임상적 응용의 잠재력과 연구의 가능성을 이미 제시한 상황이기 때문에 모든 의학을 융합하는 통합의학의 일부로서의 중요한 역할이 전망된다.

임상미술치료의 역할을 살펴본 연구와 미술치료 분야 전반의 발전은 다음과 같은 측면에서 국내외적 의료계와 사회에 공헌할 수 있다.

첫째, 세계적 추세에 보조를 맞춘다. 의학 선진국에서 빠른 속도로 보급·확산되고 있는 미술치료를 도입하여 교육, 진료, 연구, 제도화와 연계시킴으로써 적어도 세계의학 수준에 도전하거나 더 나아가 그들을 앞지르는 학문적 잠재력을 키운다. 미국의 경우 125개의 의과대학 중 100여 개의 의과대학에서 보완대체의학 또는 통합의학이라는 이름 아래 정식 교과 과정을 개설하여 교육, 진료, 연구를 시행하고 있는 것이 그 예이다. 그 교과 과정의 내용에는 미술치료가 포함되어 있다.

둘째, 지식의 폭이 넓은 의료사(의사와 치료사)를 양성한다. 의사나 각 분야 치료사에게 인접 분야에 대한 지식의 폭을 넓혀 준다. 의료인 모두가 미술치료를 직접 시행하도록 만든다는 뜻이 아니고, 미술치료에 대한 올바른 연구결과와 지식을 습득함으로써 각자가 자기 분야에서 돌보는 환자들에게 올바른 치료 방향과 지침을 제시해 줄 수 있도록 해 준다.

셋째, 기발한 기초연구발상(Basic Research Idea)을 제공해 줌으로써 무한대의 실용적 임상연구(Applied Clinical Research)로 이어질 수 있도록 도와준다. 동양의학과 보완대체의학은 연구발상(Research Idea)의 보고(寶庫, Treasure Box)이기 때문이다.

넷째, 새로운 세계의학 창출에 기여한다. 서양의학, 동양의학, 보완대체의학에는 각각 나름대로의 장점을 지니고 있는 반면에 제한점과 단점도 아울러 지니고 있다. 그러나 각 의학의 장점만을 융합시킨다면 어떤 독립된 의학보다도 차원이 높은 더 우수한 통합의학(統合醫學, Integrative Medicine) 또는 전일의학(全一醫學, Wholistic Medicine)의 창출이 가능하다. 동양미술과 동양의학을 접목시키고, 서양미술과 서양의학을 접목시키고, 이렇게 접목된 동·서 미술과 동·서 의학을 한데 융합시킨다면 통합 미술치료(Integrative Art Therapy)의 탄생이 가능하게 되며, 이러한 통합 미술치료 분야는 새로운 세계적 전일의학 창출에 촉매 역할을 할 것으로 전망된다.

참고문헌

가톨릭대학교호스피스교육연구소(2006), 『호스피스 완화간호』, 군자출판사.

김선현(2006), 「통합의학에서의 미술치료 역할에 대한 연구」, 한양대학교 대학원 박사학위논문.

김선현·전세일(2006), 『임상미술의 이해』, 서울, 이론과 실천.

김선현(2006), 『한국의 미술치료현황 및 전망』, 대한임상미술치료학연구 Vol.1.No.1.

김선현 외(2010), 「호스피스 암환자의 통증 완화를 위한 임상미술치료 사례」, 대한임상미술치료학연구 Vol.5. No.2.

김선현(2009), 『임상미술치료학』, 서울, 계축문화사.

대한보완대체의학회(2004), 『보완대체의학 - 통합의학으로 가는 길』, 서울, 이한출판사

민성길 외(1998), 『최신정신의학』, 서울, 일조각.

전세일(2004), 『보완대체의학』, 서울, 계축문화사.

조수경 외(2004), 『미술치료의 이론과 실제』, 한국심성교육개발원.

Alternative Medicine, The Definitive Guide, Goldberg, Burton, Future Medicine Publishing, Inc., Tiburon, Ca., 1993.

Minding the Body/Mending the Mind. Borysenko, joan. New York: Bantam Books, 1989.

The Relaxation Response. Benson, Herbett; and Klipper, Mariam Z., New York; Avon, 1976.

Stress Management. Gordon, James S., MD., with introduction by C. Everett, MD., ScD, N.Y.; Chelsea House publishers, 1990.

Stress Without Distress. Selye, Hans, M.D. New York: Signet, 1975 Unofficial Guide to Alternative Medicine. Bruce, D. F., McIlwain, H. H., Simon & Schuster Macmillan Company, 1998.

PART 13

호스피스와 미술치료

호스피스와 미술치료

1. 호스피스 미술치료 유래

호스피스에 미술치료가 유래된 것은 1940년대 영국 Adrian Hill이라는 예술가가 결핵에 걸렸다가 치료되는 과정에서 미술작업이 회복에 도움을 줌을 인식하고 환자들과 함께 미술활동을 진행하면서부터 시작되었다고 볼 수 있는데, 본격적으로 도입되기 시작한 것은 1878년도에 미국에서 호스피스를 정의할 때 삶의 질을 높게 한다는 것을 강조하고, 또한 호스피스에 있어서 통증과 증상의 관리가 중요한 역할로 대두됨에 따라 미술, 음악, 체육 등의 다양한 체험을 치료에 도입하게 되면서 시작되었다.

또한 병원에서는 1987년에 영국의 로열 마슨 병원(Royal Marsden Hospital)에서 암환자들에게 처음으로 미술치료를 도입했다.

우리나라의 경우는 외국에 비해 아직 호스피스 완화병동 자체도 매우 적은 편이지만, 대체요법에 대한 관심이 증가되고 병원에서도 미술치료를 실시하는 케이스가 증가되면서, 호스피스 병동에서의 미술치료 도입도 점차 활성화되는 추세에 있다.

2. 정서안정

정서란 용어와 개념은 인류가 존재해 온 이래 계속 사용되어 왔을 것으로 간주되는바, 시대정신의 변천에 따라 여러 가지로 변천되어 왔을 것이다. 문헌상으로 기록된 인지의 발달은 그리스 시대로 거슬러 올라가는데, 흔히 감정과 동일시되는 정서도 그 당시부터 언급되어 온 것으로 나타나 있다. '정서(emotion)'는 '감정(affect, feeling)'이란 용어와 동일한 의미로 혼용되고 있으나, 정서는 여러 가지 감정들을 포괄하는 상위개념으로 사용되고 있다. 정서는 어떤 대상이나 상황에 대한 인지상태, 생리적 변화와 내적 상태의 외적 표시로서 표현적 행동을 수반하는 개인의 감정 상태라고 정의할 수 있다. 정서는 매우 복잡하고 다양한 하위요소로 구성됨으로써 보편적으로 유쾌-불쾌의 정서, 정서 경험에 대한 집중-거부, 그리고 강렬함-무관심의 세 차원으로 분류되어 학자들마다 이와 유사하거나 동일한 정서의 차원을 제시하고 있다.

일반적으로 정서란 어떤 자극을 받았을 때 개인의 내부에 일어나는 강한 감정을 말하는 것으로, 개인이 어떤 상황에 직면해서 강한 동요 상태에 빠져 있을 때 심리적으로 변화와 표출 운동을 수반한 강한 감정이라고 할 수 있다. 이는 단기간의 경과를 거쳐 어떤 욕구가 실현되거나, 혹은 제한당했을 때 여러 가지 정서가 일어날 수 있다. 즉, 어떤 대상이나 상황을 자각하고 그에 따르는 생리적 변화를 수반하는 복잡한 상태로서 여러 가지 감정들을 포함하는 상위개념으로 우리로 하여금 행동하게끔 하는 힘을 가지고 있는 내적 감각과 외적 표현을 포함하고 있는 복잡한 인식의 상태라고 정의한다. 사람들을 정서를 표현함으로써 대인관계의 상호작용을 통해 자기 개념을 확고하게 하고, 다른 사람의 도움을 활용하여 어려움을 효율적으로 대처할 수 있으며 정서를 표현하는 것은 반드시 필요한 것으로 사람의 안녕감에 유익을 준다.

긍정적 정서는 유기체가 접근하고 싶거나 좋아하거나 유익하다고 생각되는 자극에 직면했을 때 일어나는 정서로 즐거움, 행복 등과 같이 유쾌한 정서나 감정을 말하는 것으로 긍정적인 정서가 높다는 의미는 원기가 넘치고 충분한 집중, 환경과의 유쾌한 상호작용상태를 말한다. 반대로 부정적 정서는 회피하고 싶거나, 싫어하거나, 유해하다고 생각되는 작품에 직면했을 때 일어나는 것으로 부정적 정서가 높을수록 주관적 혼란과 혐오적인 기분 상태를 많이 느끼게 된다고 했다.

그리고 인간행동에 대한 것들은 관찰한 연구자들은 오래전부터 3가지 기본 영역을 인식하였으니 그것은 사고, 느낌, 행동이다.

오늘날 심리학자들은 이것을 각기 인지, 정서, 정신 운동적 행동들로 언급한다. 정서적 행동은 의미 있는 느낌의 영역이 포함되고 있는 것이다.

김정운은 인간의 정서가 동물적 본능에 기초한 현상에서부터 인지적 과정이 포함되며 사회문화적 맥락에 따라 다른 의미를 획득하는 현상에 이르기까지 다양하다고 하였다. 그러나 최근 심리학에서 공통적으로 받아들여지는 견해는 정서(emotion)가 어떤 대상이나 상황을 지각하고 그에 따른 생리적 변화를 수반하는 복잡한 상태로서 여러 가지 감정들을 포괄하는 상위 개념으로 본다. 이러한 정서는 궁극적으로 유기체를 보호하는 역할을 하는데 긍정적 정서는 생의 활력을 불어넣어 주는 반면, 부정적 정서는 환경의 위협으로부터 보호의 기능을 수행한다. 따라서 정서는 개인의 심리적 안정과 대인관계의 중요한 역할을 담당하고 있다.

정서안정은 일반적으로 심리적, 정의적 안정이라고도 하며, 생활 전반에 든든한 자신과 낙관으로 임하며, 쾌·불쾌의 감정에서 양극단으로 흐르지 않고 어떤 사태에서나 비교적 안정감을 유지하는 성격으로 정의하고 있다.

즉, 안정성이 높은 사람은 외부환경 변화에 따라 심리적·생리적·행동적 변화가 거의 나타나지 않고, 일관성 있는 행동 유형을 결정하는 성격특성의 소유자이다.

3. 임상미술치료와 정서안정

임상미술치료는 교육, 재활, 정신치료 등 다양한 분야에서 시각 예술을 수단으로 이용하여 인격의 통합 또는 재통합을 돕기 위한 것이다. 미술치료에서 치료의 의미는 창작활동을 통하여 그 증상을 완화하는 데 있다. 미술치료는 활동의 진행과정에서 부정적인 자기 개념을 바꾸고 긍정적인 자아상을 개발하고, 창조적인 성취감을 통해 자기 가치와 상승을 경험하며 다양한 재료 경험을 통해 집중력 증진과 인지 발달의 효과를 가질 수 있다. 공동작업의 경우 상호 간의 의사교환을 하거나 협동 등을 통하여 대인관계의 개선효과를 가져올 수 있다. 미술치료는 미술 매체와 방법과 기법을 사용하여 인간의 정신적, 심리적, 신체적 병을 치유하는 것이다. 특히 신체적, 정서적 치료효과를 지닌 균형 있는 미술 작업은 암 환자의 신체와 마음이 조화롭게 작용하도록 도우며 화학요법, 방사선 치료와 같은 의학치료를 보조하기도 한다. 미술치료는 오랜 질병으로 입원하고 있거나 심각한 병으로 인해 생명의 위협을 받고 있는 환자들에게 심리적 지지와 안정감을 경험하게 해 주는 역할을 하는 데 중요하며 병으로 인해 생기는 심리적 고립감과 신체적 통증 등의 큰 문제에 접근할 수 있게 하는 통로가 된다.

Thomas(1995)는 감정적인 고통이 커질 때 신체적인 고통이 더욱 심해지며 미술치료를 통해 감정과 분노를 해소함으로써 심리적 회복과 건강에 대해 인식이 증가될 수 있다고 하였다.

4. 호스피스 환자를 위한 임상미술치료의 효과

죽음에 직면한 호스피스 환자의 경우 소외감이나 고립감, 죽음에 대한 불안감과 우울 등 정신적인 문제에 직면하게 되며, 통증과 신체적 괴로움 등으로 죽는 순간까지 고통을 겪게 된다. 이러한 호스피스 환자들의 내적인 갈등을 표현하고 해소하는 효과적인 방법 중 하나로 미술표현이 사용된다(Williams, 2006).

미술치료의 효과는 신체적, 심리사회적, 영적으로 다양하게 나타날 수 있다. 먼저 심리사회적(Psychosocial)으로는 미술작업을 통해 환자의 삶의 의미와 내부 현실을 재인식하고 통합하며, 무의식적인 이미지를 전달하는 도구로써 사용될 수 있다. Kubler-Ross(2008)는 호스피스 환자간호를 통하여 삶의 마지막이 인생의 가장 창조적인 단계라는 것을 경험하였으며, 이를 환자의 그림활동에서도 볼 수 있다고 하였다. 또한 그림을 통해 언어로 표현하지 못한 자신의 감정이나 의미를 전달함으로 가족들과의 의사소통의 계기가 될 수 있고, 삶의 회고를 통해 가족 간의 관계 회복을 도울 수 있다.

그리고 감정을 자연스럽고 즉흥적으로 표현할 수 있을 뿐 아니라, 부정적인 감정의 표출을 통한 감정의 정화를 경험할 수 있다. Thomas(1995)는 감정적인 고통이 커질 때 신체적인 고통이 더욱 심해지며 미술치료를 통해 감정과 분노를 해소함으로써 심리적 회복과 건강에 대한 인식이 증가될 수 있다고 하였다. 미술치료를 통한 중재는 환자로 하여금 자신의 치료에 더 참여하도록 느끼게 하며, 병과 관련된 스트레스와 불안 등에 더 적극적으로 대처할 수 있도록 한다.

또한 신체적(Physical)으로, 미술치료는 소근육 운동과 감각자극, 관절운동범위의 향상을 통한 신체기능의 강화와 더불어, 창조적 활동을 통해 통증 에너지를 창조적 에너지로 전환하여 통증이 경감되고, 통증에 대한 인식이 줄어들게 한다.

마지막으로 호스피스 환자와 밀접한 관련을 이루는 죽음에 대한 준비를 가능하게 하고,

편안한 마음으로 죽음을 수용할 수 있게 하며, 미술 작업과 감상을 통한 종교적 접근을 통해 영적(Spiritual)인 부분의 회복을 도울 수 있다.

참고문헌

가톨릭대학교호스피스교육연구소(2006), 『호스피스 완화간호』, 군자출판사.
김경희(1997), 『정서란 무엇인가』, 서울, 민음사.
김정운(2001), 「관계적 정서와 문화적 정서」, 한국 심리학회지 일반, Vol.20.
김선현(2007), 『암환자에게 도움을 주는 미술치료』
김선현(2009), 『임상미술치료학』, 계축문화사.
박성은(2007), 「말기암 환자의 미술치료 체험연구」, 서울여자대학교 대학원 석사학위 논문.
안정희(2008), 「호스피스 완화요법으로서의 미술치료」, 한국호스피스·완화의료학지.
전세일(2004), 『보완대체의학』, 계축문화사.
조득현(2008), 「미술치료과정에 나타난 호스피스 환자의 미술표현과 심리적 특성」, 동국대학교 석사학위논문.
Davidoff, Naritin R(1985), Satellite experimenter's handbook, Newingron: The Aerican Radio Relay League.
Williams, Yvonne Barnthouse(2006), 강차연·장연진 역, 융관점에서 본 임종환자들의 그림, 학지사.
Thomas, G.(1995), Art therapy and practice in oalliative care, European Journal of palliative Care, 2(3): 120~121.

PART 14
호스피스 미술치료 사례

호스피스 미술치료 사례

암은 우리나라에서 사망 순위가 1위인 중요한 질병이며, 최근 10년간 암에 의한 사망률 변화를 보면 10만 명당 사망률이 1997년 112.7명에서 2007년 137.5명으로 24.8명이 증가하였다.

말기 암환자는 진단받은 순간부터 사망에 이르기까지 신체적, 심리사회적, 정서적, 영적 측면에서 총체적 고통을 경험하게 된다. 말기 암환자 100명 중 85%의 환자들에게 통증이 있었으며, 68%의 환자들이 중등도 이상의 통증을 갖고 있었고, 38%가 불충분한 통증관리를 받고 있었으며 통증의 정도가 심할수록 불충분한 통증관리를 받고 있었고, 우울과 불안이 가장 주된 정서적 장애로 나타났다.

호스피스 암환자는 소외감이나 고립감, 죽음에 대한 불안감과 두려움 등 정신적인 문제에 직면하게 되는데, 이로 인해 심리적인 어려움을 겪기도 한다. 호스피스 암환자들이 겪는 어려움에 대해 심리적 개입이 필요하며, 이러한 심리적 개입의 목적은 심리적 지지를 통해 환자로 하여금 자존감을 회복할 수 있도록 돕고, 자신의 삶을 수용하고 통합할 수 있는 기회를 갖게 하며 가족이나 타인과 깊은 감정을 나눔으로써 안전감과 수용의 경험을 하게 한다.

임상미술치료는 심상(image)의 표현으로 비언어적인 의사소통이다. 미술은 환자의 생각과 느낌을 깊게 해 주며, 치료자가 더 깊이 있게 파악하도록 돕는다. 또한 미술은 개인이 적극적으로 참여하는 활동으로 자신의 손으로 직접 무엇인가를 만들 수 있다는 것을 깨닫는 창조과정은 효과적인 경험이다. 그리고 미술은 자존감을 높여 주고 통제력을 길러 주기 때문에, 궁극적으로 삶의 질을 향상시킨다.

임상미술치료는 선행연구들을 통해 환자가 자신의 질환으로 인하여 받게 되는 우울, 불안, 스트레스를 해소시켜 줄 수 있다고 보고하고 있다. 언어로 표현되지 않은 무의식 가운데 있는 갈등을 시각적인 매체를 통하여 표현하게 하고 스스로 문제들을 인지하는 과정에서 내면의 통합을 이끌어 내는 역할을 한다.

최근 국내에서 이루어진 호스피스 암환자에 관한 선행연구를 살펴보면 대부분의 연구들이 호스피스 암환자와 가족을 위한 의료적인 호스피스 접근과 호스피스 암환자를 돌보는 간호사에 관한 연구가 대부분이며 환자를 대상으로 하는 심리치료에 관한 연구는 미흡한 실정이다. 미술치료 사례 연구도 부진한 상황으로, 특히 호스피스 암환자들의 통증에 관한 미술치료 사례연구는 전무한 실정이다(김선현, 2010).

1. 임상미술치료의 호스피스 접근법

1) 신체적(Physical) – 미술작업을 통한 근육 및 관절 운동, 통증 조절

┌───┐
│ －예: 주관적인 통증의 자가 평가를 위한 시각적 사상 척도(Visual Analog Scale, VAS) │
└───┘

통증의 정도를 0~10까지, 그림으로 표현된 스케일로 구분하고 주관적으로 선택하는 것이며, 0은 통증 없음, 2는 약한 통증, 4는 보통 통증, 6은 심한 통증, 8은 아주 심한 통증, 10은 최악의 통증을 의미한다.

통증은 암환자들이 겪는 가장 흔하며 고통스러운 증상 중의 하나로, 해결되리라는 희망이 없는 극심한 통증은 일상생활을 방해할 뿐만 아니라 환자의 삶의 질을 손상시킨다.「호스피스 환자의 통증은 단순한 신체적 증상 뿐 아니라, 불안, 우울, 분노 등의 정서적, 영적 요소와 연관되어 나타난다. 그러므로 총체적 고통에 따르는 적절한 간호중재가 요구된다.」즉, 신체적, 정신적, 영적인 요소들이 함께 복합되어 오는 통증은 총체적으로 관리되지 않는 한 대부분 조절되지 않는다. 호스피스와 같이 병이 단시간 내에 치유되지 않거나 'cure'보다는 'care'의 개념이 더 적합한 경우에는 치료의 목표가 고유의 증상이기보다는 일상적이고 전인 격적인 측면에 집중하게 된다.

임상미술치료는 다른 어떤 형태의 진료보다도 더 포괄적인 서비스(comprehensive service)를 제공할 수 있다. 신체적, 정신적, 심리적, 정서적, 사회적인 측면을 상담하고 도움을 제공할 수 있을 뿐만 아니라 심지어 영적인 측면(spiritual aspect)에까지도 도움을 줄 수 있다.

미술치료는 호스피스 암환자들에게 심리적 지지와 안정감을 경험하게 해 주는 중요한 역할을 하며, 특히 병으로 인해 생기는 심리적 고립감과 신체적 통증 등은 미술치료로 접근할 수 있게 하는 통로가 된다.

Thomas(1995)는 감정적인 고통이 커질 때 신체적인 고통이 더욱 심해지며, 미술치료를 통해 감정과 분노를 해소함으로써 심리적 회복과 건강에 대해 인식이 증가될 수 있다고 하였다. Trauger(1999)도 미술치료를 통해 통증경감과 증상 완화가 가능하다고 하였다. 죽음을 기다리는 환자의 경우, 정서적, 영성적 그리고 사회적 문제점이 표출되어지면서 그들의 통증은 감소된다고 하였다. 안정희는 환자가 창조적인 작업을 몰두할 때, 통증 에너지는 창조적 에너지로 전환되고, 통증이 경감되고 통증에 대한 인식이 줄어들면서 심리적인 균형을 이루게 된다고 하였다.

2) 심리사회적(Psychosocial)

(1) 미술작업을 통한 내면의 통찰, 통합, 발산

(2) 우울, 불안, 스트레스 감소

(3) 죽음에 대한 수용

(4) 가족 간의 관계 회복

3) 영적(Spirtual) - 미술작업을 통한 영적 요구 충족, 영적 안녕

삶과 죽음은 양극이 아니라 하나의 연장선상에서 존재한다. 그러므로 자신의 삶에 대한 고찰은 자신의 끝에 대한 고찰과 맞물려 이루어지는 경우가 많다. 이러한 고찰은 지극히 개인적인 영역에 속하게 되는데 주로 환자나 가족, 그리고 기관의 철학적, 윤리적, 종교적인 입장 내에서 다양하게 이루어지고 있는 것이 현실이다. 그렇기 때문에 이러한 입장 내에서 어느 정도까지 이 문제를 다룰 수 있을 것인지는 세심하고 충분하게 검토하여야 한다. 희망이라는 개념 역시 예민한 과제에 속할 수 있는데 희망의 유무보다는 무엇에 대한 희망인가가 더 중요한 부분이라고 할 수 있다.

대체로 끝을 준비하는 사람들의 경우 자신의 삶을 정리하고자 하는 욕구를 표현한다. 이는 현재의 혼란에 대한 정리와 삶에 대한 의미부여, 그리고 해결하지 못한 심리적 문제들, 인간관계 등을 포함하고 있다. 미술은 여기서 과거의 경험을 재구성하고 재경험하고 새롭게 이식하는 과정을 돕는다. 또한 해결되지 않은 문제들의 경우 그것을 해결할 당사자들이 존재하지 않거나 너무 시일이 지나서 정리가 어려운 경우가 있는데 이때 미술은 해결의 통로를 제시해 준다.

2. 호스피스 미술치료에 사용되는 영역 및 기법

1) 미술의 영역

미술을 어렵게 느끼는 사람들은 '재주가 없다'라든가 '내가 잘할 수 있을까' 하는 선입견을 가지고 있는 경우가 많은데, 이는 미술을 어떻게 보는가, 그리고 미술이라고 하면 어떤 활동을 구체적으로 하는 것인지와 연결되어 있다. 결론적으로는 미술치료에서 다루는 미술은 '그 개인에게 특별한 무엇인가를 만들어 내는 행위'를 기본으로 하고 있다. 그러므로 좀 더 자유롭게 광범위한 영역을 가지고 있다고 볼 수 있다. 이는 호스피스 병동에서 특히 중요한데 신체적, 정신적으로 특수한 상황에 있는 경우 고정적인 그리기, 만들기 영역의 고수는 활동의 제한요소가 될 수 있기 때문이다. 예를 들어 움직이기 힘든 환자의 경우 상상이나

감상을 통해서 치료를 지속할 수 있다.

2) 미술재료 및 환경

미술재료는 크게 전통적인 미술재료와 일상적으로 접하는 생활재료의 미술적 활용으로 나누어 생각할 수 있다. 일반적으로 미술활동이 익숙하지 않은 대상의 경우 흔히 단시간 내에 두려움 없이 작업할 수 있는 크레파스나 사인펜, 콜라주를 위한 잡지, 바느질이 익숙한 여성인 경우는 천과 바늘, 그리기가 어려운 사람의 경우는 입체작업을 위한 박스나 찰흙 등이 좋다. 생활재료의 경우 돌, 모래, 쌀, 콩, 국수, 잎사귀, 나뭇가지, 밀가루, 옥수수전분, 소금, 향 추출물, 오트밀, 푸딩, 젤리, 면도크림, 스펀지, 사포, 깃털 등을 들 수 있으며 개인적인 소장품이나 사진 등도 적극적으로 이용할 수 있는 재료이다.

어떤 재료를 어느 시기에 어떻게 사용할 것인가 하는 문제는 매우 전문적인 영역에 속하는데 간단히 정리하면 다음과 같다.

첫째, 환자의 내적 욕구이다. 감정을 유연하게 불러일으키기 위해서는 부드럽고 유동적인 특성을 지닌 재료, 즉 천이나 물감, 찰흙 등이 적절하다

두 번째는 환자의 지각, 운동적 상황에 대한 고려이다. 손에 힘이 없거나 얇은 펜을 쥐기가 힘들 경우 두껍고 쉽게 써지는 마커나 공예용 철사 등이 적절하다. 시지각으로 문제가 있으면 원색의 도화지를 이용하거나, 침대에서 이용할 경우 물감보다는 마커나 크레파스가 좋다.

3) 평가를 위한 기법

① 인물화 검사(DAP) – 성격

② 집, 나무, 사람검사(HTP) – 성격, 자아상

③ 동적 가족화 검사(KFD) – 역동적 가족관계

④ 자아존중감척도 – 자아존중감

⑤ 물고기 가족화 검사 – 미술정서척도

⑥ 컬러감성척도

⑦ 통증평가(Visual Analog Scale: VAS) – 통증

4) 치료를 위한 기법

① 그리기(Drawing) 작업: 문 그리기, 만다라, 꿈 그리기, 서예 등
② 조형(Plastic) 작업: 점토작업, 석고작업, 박스작업, 콜라주, 자연물활용, 명화활용.
③ 공동(Cooperate) 작업: 벽화 그리기, 병동 게시판 꾸미기 등

5) 심리학적 근거

① 정신역동적 치료
② 인지행동치료
③ 인간중심치료 등

3. 말기 환자와 미술치료하기

1) 말기 환자의 요구

(1) 죽음에 임하는 환자는 다른 사람과의 인간관계를 희망하고 있다.
(2) 말기 환자들은 질병에 의해 규정되는 인간이 아니라 전체적인 인간으로 알려지고 싶다.

2) 환자와 병동에서 첫 대면했을 때

치료사가 찾아온 목적, 신분을 밝히고 현재 환자의 상태에 관해 물어보며 대화의 길을 연다(예: 식사 잘 하셨나요? 지금 기분은 좀 어떠세요? 미술치료해 보시겠어요?).

3) 미술작업으로 유도

대화가 시작되었으면 미술작업으로 환자를 유도한다. 환자가 더 하고 싶은 마음이 있으면

들어주고 조급해하지 않는다. 미술작업을 하면 통증완화, 우울, 스트레스 감소에 효과가 있다는 것을 환자, 보호자에게 알려 준다(예: 오늘 저와 함께 미술작업을 하며 대화도 더 나누시고 함께하는 시간을 가져볼게요.).

4) 미술치료 진행 시 대화

(1) 치료사가 정한 작업 목표(내면 통찰, 통합, 스트레스, 우울, 통증 감소)를 이루기 위해 노력하되, 환자가 하고 싶은 말에 집중한다. 치료사의 목표와 환자가 원하는 것이 다를 수 있다(1회기성 작업이 가장 많다).

(2) 작업을 진행해 가며 작업에 대한 느낌, 취미, 가족, 직업 등에 대해 물어보며 대화를 확장해 나간다. 간혹, 환자가 풀지 못해 힘들어했던 부분을 털어놓으면 해소하게 된다(작업을 방어기제로 삼은 대화).

(3) 치료사가 지시적으로 가르치려 하지 말고 환자 중심의 대화를 하며 환자의 말, 표정, 감정상태 등을 살핀다.

(4) 작업수행에 대한 적극적 지지를 하며 환자의 말에 적극적 경청, 적극적 공감한다(지지적 치료).

(5) 의미 없는 상투적인 말이나 치료사 혼자 즐거워하지 않는다(예: 오늘 날씨가 너무 좋으니 우울해하지 마세요.).

(6) 환자의 눈을 맞추며 가까이 있어 준다. 침대에 앉아 작업하는 환자 옆에 앉기도 한다.

5) 작업을 마무리하며 대화

작품에 제목, 날짜, 이름 등을 환자가 쓰며(사별가족에게 의미 있는 작품이 된다) 작품에 대한 환자의 느낌을 나누고 환자가 생각을 정리할 수 있도록 도와준다. 간단한 인사를 하며 헤어진다. "오늘 작업 열심히 하셔서 보기 좋았습니다", "그럼 편히 쉬세요. 다음 주에 뵙겠습니다", "모든 것이 잘 될 것입니다"와 같은 상투적인 말은 하지 않는 것이 좋다.

4. 미술치료의 프로그램

	주제	목표	재료
1	나의 나무 그리기	나무를 통해 자아상 파악, 현재 상황에 대한 인식을 알아본다.	먹물, 수채화물감, 도화지, 붓
2	데칼코마니	1. 우연의 효과로 인해 정서적 이완을 경험하고 완성도 높은 작품을 통해 만족감을 얻도록 한다. 2. 원색 위주의 물감사용과 다양한 색지를 봄으로 시각감각을 활성화 한다.	다양한 색지, 물감
3	자연물 만다라	1. 자연물과의 접촉을 통해 촉각경험을 활성화하고 기억을 환기시킨다. 2. 만다라 작업을 통해 편안함과 안정감을 느낀다.	여러 가지 단풍잎, 다양한 색의 원형 시트지
4	보고 싶은 얼굴 (콜라주)	1. 기억력을 활성화한다. 2. 내적 심상이나 소망을 표현한다.	눈·코·입 사진조각, 도화지, 크레파스, 풀
5	화병 꾸미기	다양한 색지와 종이의 특성으로 인해 정서적 이완을 경험하고 완성도 있는 작업을 통해 자신감을 향상시킨다.	색지, 다양한 화병 도안, 꽃잎 또는 단풍잎, 물감, 붓
6	동양화 따라 그리기	동양화 그림을 통해 정서적 이완을 경험하고 쉬운 프로그램 작업을 통해 자신감을 향상시키고 내적 활기를 얻는다.	OHP, 동양화 도안, 색한지, 사인펜, 붓펜
7	스텐실	1. 성취감과 자신감을 높인다. 2. 촉각에 대한 자극을 강화한다.	마음에 드는 도안과, 다양한 색상의 물감, 도화지, 스텐실 붓
8	곡물 만다라	1. 쉬운 프로그램 작업을 통해 자신감을 향상시킨다. 2. 자연적 소재와 원형 작업을 통해 정서적 안정을 얻는다. 3. 소근육 운동을 강화한다.	색접시, 천사점토, 다양한 콩
9	나에게 소중한 것-콜라주	현재의 관심사와 내면의 감정을 파악한다.	잡지, 색지, 풀
10	받고 싶은 선물, 주고 싶은 선물	소망을 표현할 수 있는 기회를 갖고, 정서적 상호관계를 함양한다.	잡지, 도화지, 가위, 풀
11	시 화	내적 심상 표현을 통해 정서를 이완한다.	다양한 시, 크레파스, 물감, 붓, 한지, 파스텔
12	한지 구성하여 연하장 만들기	소망을 표현할 수 있는 기회를 갖고, 정서적 상호관계를 함양한다.	한지, 색지, 풀, 가위, 사인펜
13	명화감상하기	내적 심상 및 정서적 안정을 함양한다.	명화 6장
14	성화감상하기	영적 안녕을 최대한으로 함양한다.	성화 6장

5. 미술치료의 프로그램 실제

제목	나의 나무 그리기	
목표	나무를 통해 자아상 파악, 현재 상황에 대한 인식을 알아본다.	
방법	1. 그리고 싶은 나무를 생각한 뒤 먹물로 나무 기둥을 그린다. 2. 수채화 물감으로 잎과 과일 등을 그린다. 3. 제목을 정하고, 완성된 작품을 보며 이야기 나눈다.	작품

제목	데칼코마니	
목표	1. 우연의 효과로 인해 정서적 이완을 경험하고 완성도 높은 작품을 통해 만족감을 얻도록 한다. 2. 원색 위주의 물감 사용과 다양한 색지를 봄으로 시각, 감각을 활성화한다.	
방법	1. 인사를 나누며 환자의 현재 몸 상태를 살핀다. 2. 다양한 색지 중에 마음에 드는 색을 한 장 선택하여 반으로 접는다. 3. 원하는 물감을 골라 펼친 색도화지 한쪽 면에 자유롭게 짜 본다. 4. 색도화지를 반절로 접은 후, 물감이 잘 퍼지도록 문지른다. 5. 완성된 작품을 감상하며 함께 이야기 나눈다.	작품

제목	자연물 만다라
목표	1. 자연물과의 접촉을 통해 촉각경험을 활성화하고 기억을 환기시킨다. 2. 만다라 작업을 통해 편안함과 안정감을 느낀다.

방법	1. 인사를 나누며 환자의 현재 몸 상태를 살핀다(사전 통증척도, 통증위치 체크). 2. 여러 가지 단풍잎을 만지며 느껴 본다. 3. 다양한 색의 원형 시트지 중에 마음에 드는 색을 한 장 선택한다. 4. 시트지 뒷면을 떼어 내고 접착 면에 원하는 단풍잎들을 골라 붙인다. 5. 완성된 작품을 감상하며 함께 이야기 나눈다(사후 통증척도 체크).	작품

제목	보고 싶은 얼굴 – 콜라주
목표	1. 기억력을 활성화한다. 2. 내적 심상이나 소망을 표현한다.

방법	1. 서로의 근황에 대해 이야기하며 라포를 형성하고, 금회기 프로그램에 대해 설명한다(사전 통증척도, 통증위치 체크). 2. 준비되어 있는 눈·코·입 사진조각들의 이미지를 충분히 감상한 뒤, 도화지 위에 자신이 원하는 모양으로 얼굴의 이목구비를 콜라주한다. 3. 콜라주가 끝나면 작품이 완전한 얼굴의 형태를 띨 수 있도록 그림을 그려 완성해 준다. 4. 완성된 작품에 대해 함께 감상하며 이야기한다(사후 통증척도 체크).	작품

제목	화병꾸미기
목표	다양한 색지와 종이의 특성으로 인해 정서적 이완을 경험하고 완성도 있는 작업을 통해 자신감을 향상시킨다.

| 방법 | 1. 인사를 나누며 프로그램에 대해 설명한다 (사전 통증척도, 통증위치 체크).
2. 여러 장의 색지와 다양한 화병을 제시하여 직접 고르도록 한다.
3. 색지와 화병에 어울리는 꽃잎 또는 단풍잎을 골라 붙이고 물감으로 가지를 연결하여 꾸민다.
4. 완성된 작품에 대해 함께 이야기 나눈다 (사후 통증척도 체크). | 작품 |

제목	동양화 따라 그리기
목표	동양화 그림을 통해 정서적 이완을 경험하고 쉬운 프로그램 작업을 통해 자신감을 향상시키고 내적 활기를 얻는다.

| 방법 | 1. 서로의 근황에 대해 대화를 나누며 라포를 형성하고 프로그램에 대해 설명한다(사전 통증척도, 통증위치와 정도 체크).
2. OHP지 위에 그려진 다양한 소재의 동양화 도안을 보여 주고 마음에 드는 도안과 그림을 그릴 한지의 색을 선택하도록 한다.
3. 도안 위에 한지를 대고 붓펜으로 그림을 따라 그린다.
4. 사인펜을 이용해 채색을 하고 날짜와 이름을 쓴다.
5. 하고 싶은 말을 치료사가 써 준다.
6. 완성된 작품에 대해 함께 이야기 나눈다 (사후 통증척도 체크). | 작품 |

제목	스텐실 꾸미기	
목표	1. 성취감과 자신감을 높인다. 2. 촉각에 대한 자극을 강화한다.	
방법	1. 서로의 근황에 대해 이야기하며 라포를 형성하고, 금회기 프로그램에 대해 설명한다 (사전 통증척도, 통증위치 체크). 2. 마음에 드는 도안과, 다양한 색상의 물감, 도화지를 고른 다음, 미리 준비한 OHP도안을 도화지 위에 올린다. 그리고 스텐실 붓으로 OHP도안 위를 물감을 쿡쿡 힘 있게 찍어 도안을 채운다. 완성이 되면 OHP 도안을 떼어 낸다. 3. 작품을 어떻게 완성이 되었는지 함께 보며 감상을 이야기한다(사후 통증척도 체크).	작품

제목	곡물 만다라	
목표	1. 쉬운 프로그램 작업을 통해 자신감을 향상시킨다. 2. 자연적 소재와 원형 작업을 통해 정서적 안정을 얻는다. 3. 소근육 운동을 강화한다.	
방법	1. 인사를 나누며 프로그램에 대해 설명한다 (사전 통증척도, 통증위치 체크). 2. 천사점토를 만져보며 부드러운 촉감을 느껴 본다. 3. 색접시 위에 천사점토를 동그랗게 편다. 4. 다양한 콩 중에 자신이 원하는 콩을 골라 점토 위에 올려서 배치하고, 손가락으로 꾹 눌러 곡물 만다라를 완성한다. 5. 완성된 작품에 대해 함께 이야기 나눈다 (사후 통증척도 체크).	작품

제목	나에게 소중한 것! - 콜라주
목표	현재의 관심사와 내면의 감정 파악

| 방법 | 1. 잡지를 보며 마음에 들거나 소중하게 생각되는 장면이 있는 사진을 고른다(사전 통증위치, 통증정도 체크).
2. 마음에 드는 색지를 고른 후 골라 놓은 사진들을 이용하여 꾸며 본다.
3. 가장 소중하게 생각하는 것이 무엇인지 완성된 작품을 보며 이야기 나눈다(사후 통증 체크). | 작품 | |

제목	받고 싶은 선물, 주고 싶은 선물
목표	소망을 표현할 수 있는 기회를 갖고, 정서적 상호관계를 함양한다.

| 방법 | 1. 다양한 이미지들을 감상한다(사전 통증위치, 통증정도 체크).
2. 자신이 원하는 이미지를 골라 마음에 드는 위치에 붙이고 콜라주를 완성한다.
3. 작품이 완성되면 작품에 대한 감상을 함께 이야기한다(사후 통증 체크) | 작품 | |

제목	시화
목표	내적 심상 표현을 통한 정서적 이완

| 방법 | 1. 다양한 시 중 마음에 드는 시를 고른다(사전 통증위치, 통증정도 체크).
2. 시의 내용을 적고, 어울리는 그림을 그린다.
3. 완성된 작품을 보고 이야기 나눈다(사후 통증 체크) | 작품 | |

제목	색 한지 구성하여 연하장 만들기	
목표	한지를 이용해 간단한 연하장을 만들고 연하장을 주고 싶은 대상에게 하고 싶은 이야기들을 편지로 써 본다.	
방법	1. 인사를 나누며 환자의 현재 몸 상태를 살핀다(사전 통증척도, 통증위치 체크). 2. 한지를 이용해 간단한 연하장을 만들고 연하장을 주고 싶은 대상에게 하고 싶은 이야기들을 편지로 써 본다. 3. 완성된 작품을 감상하며 함께 이야기 나눈다(사후 통증정도 체크).	작품

제목	명화 감상하기	
목표	좋은 명화를 바라봄으로써 심리적 안정감과 내적 심상의 치유를 느껴 본다.	
방법	1. 인사를 나누며 환자의 현재 몸 상태를 살핀다(사전 통증척도, 통증위치 체크). 2. 치료사가 골라온 6장의 명화를 환자가 다시 선택할 수 있도록 보여 준다. 3. 자신이 선택한 명화를 바라본 후 느낌이나 자신이 작품을 그리게 된다면 어떻게 그리고 싶은지를 함께 이야기 나눈다(사후 통증 정도 체크).	작품

제목	명화 감상하기	
목표	좋은 명화를 바라봄으로써 심리적 안정감과 내적 심상의 치유를 느껴 본다.	
방법	1. 인사를 나누며 환자의 현재 몸 상태를 살핀다(사전 통증척도, 통증위치 체크). 2. 치료사가 골라온 6장의 명화를 환자가 다시 선택할 수 있도록 보여 준다. 3. 자신이 선택한 명화를 바라본 후 느낌이나 자신이 작품을 그리게 된다면 어떻게 그리고 싶은지를 함께 이야기 나눈다(사후 통증정도 체크).	작품

제목	성화 감상하기	
목표	좋아하는 성화를 바라봄으로써 심리적 안정감과 영적 안녕을 통해 편안함을 느껴 본다.	
방법	1. 인사를 나누며 환자의 현재 몸 상태를 살핀다(사전 통증척도, 통증위치 체크). 2. 치료사가 골라온 6장의 성화를 환자가 다시 선택할 수 있도록 보여 준다. 3. 자신이 선택한 성화를 바라본 후 느낌이나 성화를 통해 영적 안녕을 최대한 느낄 수 있도록 함께 이야기를 나눈다(사후 통증정도 체크).	작품

제목	성화 감상하기	
목표	좋아하는 성화를 바라봄으로써 심리적 안정감과 영적 안녕을 통해 편안함을 느껴 본다.	
방법	1. 인사를 나누며 환자의 현재 몸 상태를 살핀다(사전 통증척도, 통증위치 체크). 2. 치료사가 골라온 6장의 성화를 환자가 다시 선택할 수 있도록 보여 준다. 3. 자신이 선택한 성화를 바라본 후 느낌이나 성화를 통해 영적 안녕을 최대한 느낄 수 있도록 함께 이야기를 나눈다(사후 통증정도 체크).	작품

참고문헌

가톨릭대학교호스피스교육연구소(2006), 『호스피스 완화간호』, 군자출판사.

김분한(2004), 『호스피스 간호』, 정담미디어.

김선현 외(2010), 「호스피스 암환자의 통증 완화를 위한 임상미술치료 사례」, 대한임상미술치료학연구 Vol.5. No.2.

박은선(2004), 「삶의 질 향상을 위한 미술치료」, 한국호스피스 완화의료학회.

Statistics Korea, Death and causes of death statistics in 2007, Population Trends, 2008.

Kim HC(2008), The Effect of Hospice/Palliative Care on Anxiety and Depression, Pain in some Terminal Cancer Patients, KwangJu: Graduate School of Chosun Univ.; 2008, Korean.

Yoon YH, Heo DS, Kim HS, Oh SW, Yoo DW, Kim YY, et al., The Factors influencing the pain and pain management in Terminal Cancer Patients, Korean Journal of Hospice and palliative Care 1998; 1(1): 23∼29.

Nelson, J. E., Meier, D. Oei, E. J., Neierman. D. M., Senzel, R, S., Manfredi, P. L., Davis S. M. & Morrison, R. S.(2001), Self-reported Symptom Experience of Critically il Cancer Patients Receiving Intensive Care, Critical Care Medicine, 29(2); 277∼282.

Pack SE, A Study on Experience of Art Therapy for Terminally Ill Patients with Cancer, Seoul: Seoul Women's Univ.; 2007, Korean.

Kim SH, Clinical Art Therapy, 1st ed. Seoul, Korea: Gye Chuk Mun Wha Sa Publisher; 2009.

Jeon SI, Kim SH, Eastern-Western medicine and Eastern-Western Art Therapy, 1st ed., Seoul, Korea: Hak Ji Sa Publisher; 2009.

Choi YS, Kim JS, Lee JY, Lim YK, Kim CS, Song HS, et al., First Servey: Fentanyl-TTS is Rational Solution to Treat Cancer Pain and Pain Assesment as a 5th Vital Sign in Korean Cancer Patients. Korean Journal of Hospice and palliative Care 2004; 7(2): 238∼247.

Choi YS, Evaluation of Korean Cancer Pain using KCPAT, DiaTreat: Diagnosis & treatment 2004; 4(4): 1344∼1347.

Lee WH, Total Pain of Patient with Terminal Cancer, Korean Journal of Hospice and palliative Care 2000; 3(1): 60∼73.

Pitoak, E. F.(1997), Historical Background and Hospice Services in America, The Development of Hospice/Palliative care, Catholic University Hospice Conference; 1-12, 67-83.

Park ES, Art Therapy for Improving Quality of Life, Korean Journal of Hospice and palliative Care 2004; 7(1): 88∼94.

Ahn JH, Art Therapy in Hospice Palliative Treatment. Korean Journal of Hospice and palliative Care symposium, 2005.

Waller, Diane & Sibbett, Caryl, Kim SH, Art Therapy giving aid to cancer patient, 1st ed., Seoul, Korea: Hak Ji Sa Publisher; 2008.

김선현 ──

한양대학교 대학원 이학박사
한양대 미술교육대학원 미술교육학 석사
가톨릭대학교 상담심리대학원 석사
서울과학기술대학교 미술학사

차의과학대학교 미술치료·상담심리학과 교수
차병원 미술치료클리닉 교수
베이징대학교 의과대학 교환교수 역임
대한트라우마협회 회장
세계미술치료학회 회장
한·중·일 학회 회장
차의과학대학교 미술치료 대학원 원장 역임
대한임상미술치료학회 회장 역임

호스피스 완화의료와
임상미술치료

초판인쇄 | 2011년 8월 30일
초판발행 | 2011년 8월 30일

지 은 이 | 김선현
펴 낸 이 | 채종준
펴 낸 곳 | 한국학술정보㈜
주   소 | 경기도 파주시 문발동 파주출판문화정보산업단지 513-5
전   화 | 031) 908-3181(대표)
팩   스 | 031) 908-3189
홈페이지 | http://ebook.kstudy.com
E-mail | 출판사업부 publish@kstudy.com
등   록 | 제일산-115호(2000. 6. 19)

ISBN   978-89-268-2492-4 93370 (Paper Book)
          978-89-268-2493-1 98370 (e-Book)